WELL

ウェルビーイング の教室

赤坂真
編著

BEING

明治図書

はじめに

　皆さん，こんにちは。この書籍は，学校教育におけるウェルビーイングに焦点を当てています。本書の読者の多くが教員の方々だと思われますが，皆さんは，子ども達の成長と幸福をサポートするため日々奮闘なさっていることでしょう。きっと皆さんの教室では，今日も子ども達の歓声が上がり，たくさんの笑顔が見られていることでしょう。しかしその一方で，日本全体を見渡せば，子ども達の問題行動や不適応などは増え続けています（令和4年度の「児童生徒の問題行動・不登校等生徒指導上の諸課題に関する調査」では，小中学校の不登校児童生徒数が，10年連続で増加し，30万人に迫り，小中高等学校におけるいじめの認知件数，暴力行為の発生件数，自殺も過去最多[1]）。

　このような状況で，中央教育審議会は，令和5年3月8日の第134回総会において「次期教育振興基本計画について（答申）」を取りまとめ，中心となる2つのコンセプトの1つとして「日本社会に根差したウェルビーイングの向上」を掲げました[2]。この計画は，簡単に言うと日本の教育政策の基本方針を示すものです。わが国の教育の中軸に，ウェルビーイングの向上が据えられたということでしょう。

　ウェルビーイングとは，同答申によれば「身体的・精神的・社会的に良い状態にあることをいい，短期的な幸福のみならず，生きがいや人生の意義など将来にわたる持続的な幸福を含むもの」であり，また「個人のみならず，個人を取り巻く場や地域，社会が持続的に良い状態であることを含む包括的な概念」であると説明されています。

ウェルビーイングについては様々な議論がなされていますが，ウェルビーイング学会から出されている「ウェルビーイングレポート日本版2022」から，その意味するところを大まかに整理しておきたいと思います[3]。

　ウェルビーイングという言葉は，1940年代に世界保健機関（WHO）の健康の定義の中で使われたのが最初だと言われています。WHO協会では「健康とは，病気でないとか，弱っていないということではなく，肉体的にも，精神的にも，そして社会的にも，すべてが満たされた状態にあること（日本WHO協会訳）」としています。

　似ている言葉に，ハピネス（happiness）や幸せがあります。ハピネスは，幸せよりも狭い意味で使われており，感情としての幸せ，楽しさ，嬉しさを表す言葉です。また，幸せという言葉は，「辛いことも大変なこともあったが幸せな人生であった」などと言うときに使われるように，感情的に良好な状態のときだけでなく，包括的な意味で使用されることがあります。

　それに対して，ウェルビーイングは，感情面，つまり心理面だけでなく，身体面，健康面を含み，また個人的に良好な状態のみをいうのではなく，自分を取り巻く社会的状況を含み，さらに今ここの良好な状態のみを指すのではなく，それが持続することも包含する意味が広いものであることがわかります。つまり，ハピネスよりも広い意味を持つのが幸せ，そしてさらに広い意味を持つのがウェルビーイングとなります。
　今なぜ，ウェルビーイングなのでしょうか。

　答申には，先行きの見えない時代の到来を受けて，社会のウェルビーイングの実現が，経済先進諸国の共通の「目的地」であることが述べられています。裏を返せばそれは，経済的な豊かさの追求は，ウェルビーイングの実現には十分に寄与しなかったという現実のもとに，改めて人の幸福を考えよう

という反省が公文書で述べられたということではないでしょうか。こうした世界的な流れもありますが，学校現場に目をやれば，国際調査では日本の子ども達の幸福度の低さが指摘され，国内調査では，「学校離れ現象」が加速しているような状況が明らかとなっています。

　私達日本人の市民生活には，宗教や政治，ジェンダーの話に象徴されるように「忌避されがちな話題」があると感じています。そうしたタブーの一つに「幸せ」に関する話があるように思います。「幸せとは？」といった話をすると，「幸せを他人に定義されたくない」などといった感情的な反応が起こったり「人の幸せは人それぞれ」といったあいまいな結末に落ち着かせようとしたりする場面を数多く見てきました。学校は，教育機関という性格からさらにその傾向が強まる場になっているのではないでしょうか。

　しかし，学校においては，「学力向上＝子どもの成功」というステレオタイプなモデルを相対化したり棚上げしたりして「幸せな学校とは？幸せな教室とは？そもそも幸せとは？」（ここでは厳密な意味ではなく幅広い意味で）といったことについてもっと子ども達とともに議論してきてもよかったのではないかと思います。個人としての幸福は人それぞれであっても，みんなが幸せな状態とはどのような状態なのか，共通解を探索するような場がもっとあっていいように思います。

　「幸福とは？」という問い対する答えを自分の頭で考え，自分の言葉で語ることを避けてきたツケが，学校周辺のみならず日本全体を取り巻く閉塞感の要因の一つになっているのではないでしょうか。子ども達が自分と社会の幸せを描くことができる学校教育の再構築のときが来ているのだと思います。そのためには，子どもに関わる大人の考え方，教室環境や教育プロセスを見直し，幸せを実現する在り方や方法を模索する必要があるでしょう。

2023年12月，そんな志を持ったメンバーが集い，愛知県瀬戸市でセミナーを開催しました。学校，学級，そして学校を取り巻く社会におけるウェルビーイングをどう実現するかそれぞれの立場で述べました。セミナーは，熱量が高く，それぞれが深く人の幸せについて考察し，明日への一歩を見出す有意義な時間となりました。同時に，この時間を共有できる形にしてほしいというご要望もいただきました。そうした願いに応えるべく，発信された情報をさらにブラッシュアップして整理したのが本書です。メンバーは，公立学校の教員，大学の教員，そして市民立学校の運営者など教育に関わる面々です。以下に，各章の執筆者を紹介します。いずれも子ども達の教育環境や教師のモチベーションの向上について研究や実践をしている面々です。

　第1章　阿部　隆幸（あべ　たかゆき）
　国立大学法人上越教育大学教授。27年の小学校勤務を経て2018年4月より現所属。現在は，教員養成に関わりながら学習者主体のクラス・マネジメント実現に向けて，日々取り組んでいる。日本学級経営学会共同代表理事，NPO法人授業づくりネットワーク副理事長。著書に『学級経営がうまくいくファシリテーション』（学事出版，2023）他。

　第2章　佐橋　慶彦（さはし　よしひこ）
　名古屋市立小学校勤務。学級経営や子どもの目線に立ったアプローチの研究と実践に取り組んでいる。『第57回　実践！わたしの教育記録』特別賞，第19回学事出版教育文化賞受賞。日本学級経営学会会員。著書に『全図解　子どもの心を動かす学級経営アプローチ』（明治図書，2022）『「バラバラ」な教室に「つながり」を創り出す　学級経営戦略図鑑』（明治図書，2024）他。

　第3章　水流　卓哉（つる　たくや）
　愛知県公立小学校勤務。上越教育大学教職大学院修了。子ども達の社会的自立能力育成に向けた実証的な研究を進め，校内研修や講座等では学級づく

りに関する講師を務める。上越教育大学学生表彰受賞（学術研究の成果）。日本学級経営学会，日本特別活動学会所属。著書に『シェアド・リーダーシップで学級経営改革』（明治図書，2024）がある。

第4章　深見　太一（ふかみ　たいち）
　愛知教育大学非常勤講師。15年の小学校勤務を経て2022年より現職。てらこやさん主宰，中京大学硬式野球部モチベーションディレクター。クラス会議講師として，幼稚園・小中高校の生徒や先生方への研修を行う。『対話でみんながまとまる！たいち先生のクラス会議』（学陽書房，2020）『アンラーンのすすめ』（東洋館出版，2023）『子どもに任せる勇気と教師の仕掛け』（明治図書，2023）

第5章　松山　康成（まつやま　やすなり）
　東京学芸大学講師。14年の小学校勤務を経て2023年4月より現所属。現在は子どもの対立問題，行動問題についての研究に取り組み，全国で学校コンサルテーションに取り組む。公認心理師，日本学級経営学会理事，日本ポジティブ行動支援ネットワーク理事。著書に『はじめてのポジティブ行動支援』（明治図書，2023）他。

第6章　一尾　茂疋（いちお　しげひこ）
　瀬戸市民立小中高一貫校瀬戸ツクルスクール運営責任者，瀬戸プラクティカルカレッジ校長，一尾塾塾長。2009年に愛知県瀬戸市で個人塾を開業。瀬戸市教育アクションプラン推進会議委員を務め，瀬戸市の教育環境向上に取り組んでいる。アドラー心理学ポジティブディシプリン認定ペアレント＆学級エデュケーター。執筆協力『個別最適な学び×協働的な学びを実現する学級経営』（明治図書，2022）

第7章　赤坂　真二（あかさか　しんじ）

　国立大学法人上越教育大学教授。19年の小学校勤務を経て2008年4月より現所属。現在は，教員養成に関わりながら小中学校の教育活動改善支援，講演や執筆活動をしている。学校心理士，日本学級経営学会共同代表理事，NPO法人全国初等教育研究会 JEES 理事。著書に『明日も行きたい教室づくり　クラス会議で育てる心理的安全性』（明治図書，2024）他。

　本書では，以下の2点を探求します。

1　ウェルビーイングをどう捉えるか

　ウェルビーイングの概念はこれからまだまだ議論が必要な概念です。したがって，まず執筆者がそれぞれの捉えのもとにウェルビーイングについて語ります。読者の皆さんなりのウェルビーイングに対する捉えを描いてみていただければと思います。

2　ウェルビーイングを高める実践とは何か

　各章の執筆者がそれぞれのウェルビーイングの捉えにもとづき，それを向上させるための具体的なヒントを述べます。皆さんの実践の何らかのヒントになれば幸いです。

　ここに示すものは正解ではありません。各章での主張に共通点もあれば，異なる点もあることでしょう。最終章は，執筆者7名による対談となっていて，それぞれの章で言い足りなかったこと，また，他の主張に対して質疑応答をしています。1章から7章までお読みになった上で，最終章では，議論に参加するようにして読んでいただければと思います。そして自分なりのウェルビーイングの捉えを言葉にし，目の前の子ども達と一緒にウェルビーイングな環境の在り方や創り方を構想していただければと思います。

　子ども達が沈んだ顔をしている教室で，教師のウェルビーイングの実現が

成り立つはずはありません。その逆も真なりで，子ども達のウェルビーイングのみが高くて教師のそれが低いという状態も「それは違う」と言わざるを得ないでしょう。ウェルビーイングは，周囲との関係性を含めた良好な状態です。子ども達のウェルビーイングを探究することは，教師のそれを考えることにつながるはずです。

　本書が，読者の皆さんと子ども達のウェルビーイングを実現する一助となれば幸いです。

2024年7月

執筆者代表　赤坂真二

【文献】

１）　文部科学省（2023）「令和4年度児童生徒の問題行動・不登校等生徒指導上の諸課題に関する調査結果」（最終閲覧日2024年3月21日）https://www.mext.go.jp/content/20231004-mxt_jidou01-100002753_1.pdf

２）　中央教育審議会（2023）「次期教育振興基本計画について（答申）」（最終閲覧日2024年3月21日）https://www.mext.go.jp/content/20230308-mxt_soseisk02-000028073_1.pdf

３）　ウェルビーイング学会（2022）「ウェルビーイングレポート日本版2022」

目次

はじめに　002

第1章　なぜ，学級経営にウェルビーイングなのか

1 ウェルビーイングとは ────────────────── 016
  1 ウェルビーイングの経緯　016
  2 ウェルビーイングが必要な背景　018
  3 ウェルビーイングの構成要素　019
  4 日本的幸福と北米的幸福　021

2 学級経営とウェルビーイングとの関係 ──────── 022
  1 学級経営の内容　023
  2 21世紀型学級経営を見据える　025
  3 OECD ラーニング・コンパス（学びの羅針盤）2030から
　　読み解く　026
  4 ファシリテーションの視点から考える　028

3 今後待たれる，具体的な実践と研究 ─────────── 030

第2章　ウェルビーイングを高める他者への関心と WE 視点

1 ウェルビーイングが高まった子ども達に見られた２つの共通点 ── 034
  1 どこをどう見て，どう解釈するか　034
  2 日記に現れる他者の存在　036
  3 WE 視点の獲得　038

2 ウェルビーイングが高まるきっかけを生みだす実践例 ───── 041
  1 学級開きから継続して対等感を強調する　041

目次　9

2 全員で掲示物を組み立てる「学級目標完成式」 042

3 みんなの言葉で学級の物語を創る「思い出総選挙」 044

4 学級への参画を促す「お楽しみ会運営」と「司会グループ」 047

5 ウェルビーイングと他者の姿 048

第3章 幸せな人生のヒントは, 共同体感覚の育成にあった

1 「なんちゃってウェルビーイング」からの脱却を！ ——— 052

1 ダイバーシティ化するウェルビーイング 053

2 ウェルビーイングと共同体感覚は仲良し関係？ 053

3 共同体感覚を高めるためにできる"4つのアプローチ" 056

2 共同体感覚向上を目指した学習デザイン ——— 057

1 共同体感覚を育むソーシャルスキルトレーニング（SST） 057

2 共同体感覚を育む協同学習 062

3 SSTと協同学習でバッテリーを組む 065

3 「共同体感覚」は「幸せ」に向かうための「やる気スイッチ」——— 066

第4章 集団の意思疎通システムとしてのクラス会議

クラス会議を学級に用いるとなぜウェルビーイングが高まるのか

1 クラス会議が持つ場の力 ——— 070

1 整理整頓ができない先生 071

2 妹がちょっかいをかけてくる女の子 071

2 集団の意思疎通システムとしてのクラス会議 ——— 072

1 個に徹底して寄り添う 073

2 安心・安全な場 073

3 クラスとしての意思決定　074

4 職員会議は機能していますか？　075

3 ウェルビーイングとクラス会議　075

1 ハッピーサンキューナイス　075

2 輪になって座る　077

3 トーキングスティック（全員参加の話合い）　077

4 議題の提案と解決　078

4 投票率の低下を考える　079

1 投票率向上にクラス会議が寄与する　079

2 沖縄県でのクラス会議　079

3 学力ではない大切なもの　080

5 共同体感覚をクラス会議で育む　080

1 共同体感覚が高い教室　080

2 クラス会議の研修で　082

3 先生達の共同体感覚を高める　082

4 共同体感覚が高まった状態で　083

5 クラス会議でなぜ共同体感覚が育まれるのか　083

6 深夜ラジオとクラス会議　084

6 クラス会議で夢を叶える　084

1 夢を叶える仕組み　084

2 クラス会議で夢を叶える　085

3 悩みもするする解決する　085

4 目の前の姿から　086

5 真の意味でのウェルビーイング　087

第5章 ウェルビーイングとポジティブ行動支援

1 ウェルビーイングとポジティブ行動支援の関係 ———————— 090

 1 ポジティブ行動支援とは　090

 2 ウェルビーイングとポジティブ行動支援の関係　092

 3 ポジティブ行動支援のねらいは
  「行動レパートリーの拡大」と「環境調整」　093

 4 ポジティブ行動支援の基本的な考え方　094

2 ポジティブ行動支援で集団のウェルビーイングを高める ———————— 096

 1 ポジティブ行動支援による集団支援・学級経営　096

 2 子ども達とともに，生活・学習の行動のABCを考える　100

 3 「行動」と「結果事象」への支援がウェルビーイングには重要　102

 4 様々な教育実践と融合することでよりウェルビーイングが高まる　102

3 子どもの主体的な行動調整を実現する「自分研究」———————— 103

 1 学級全員が自分の行動について考える「自分研究」　103

 2 子どもに応じた支援を実現する　105

第6章 ウェルビーイングと地域づくり

1 学級づくりのその先は?! ———————— 108

2 ウェルビーイングを構成する5つの要素 ———————— 109

3 キャリア ウェルビーイングと学校づくり ———————— 110

 1 自己決定度・学校づくり　110

 2 対等な選択肢としての学校づくりの実践　112

4 コミュニティ ウェルビーイングと地域づくり ———————— 118

 1 地域のつながり感の現状　119

2 社会・他者への関心と当事者意識　119

3 つながり感育成のための地域づくりの実践　119

5 キャリア ウェルビーイング，コミュニティ ウェルビーイングと
学級経営の共通点 ———————————————————— 123

第**7**章　ウェルビーイングを高める教室の構造

1 あなたの「大きな石」————————————————————— 126

2 世界の中の日本の幸福度 ———————————————————— 128

1 世界における日本の幸福度　128

2 日本の幸福度の内訳　130

3 格差に不満を募らせ，それを解消する術を持たない国，日本　133

3 経済発展は幸福度を高めるのか？ ———————————————— 134

4 子どもの幸福度を高めるための「大きな石」———————————— 137

第**8**章　対談

教室のウェルビーイングを守り育てる教師と学級の在り方

1 自己選択や自己決定を拡張するファシリテーション ——————— 146

2 ウェルビーイングの高い子どもの共通点 ————————————— 147

3 ウェルビーイングを高めるエビデンスベースドの要因と手だて — 148

4 誰かに話を聞いてもらえる場や環境の保障 ———————————— 149

5 先生達のウェルビーイング ——————————————————— 150

6 自分の行動の価値を見出す習慣「人生にご褒美を！」—————— 152

7 頑張っても報われない時代を生きる —————————————— 154

8 自己決定していない先生達？ —————————————————— 156

目次　13

9 選択肢の一つとしての学校 ────────────────── 158

10 平等だけど公平ではない学校 ───────────────── 159

11 選択と強制の狭間で ───────────────────── 161

12 そこに危機感はあるのか？ ───────────────── 163

おわりに　　167

第1章

なぜ，学級経営にウェルビーイングなのか

1 なぜ，学級経営にウェルビーイングなのか

ウェルビーイングと学級経営の
切っても切れない関係性

Point
● ウェルビーイングを強く意識する時代になっている
● 学級経営とウェルビーイングは強く結びついている

1 ウェルビーイングとは

　最近，ウェルビーイングなる言葉が頻繁に皆さんの目や耳に入ってきているのではないでしょうか。まず本書の入口としてウェルビーイングそのものについて軽く学んでいきましょう。

1 ウェルビーイングの経緯

　ウェルビーイング（Well-being）が世の中で初めて登場したのは，1948年に発効された世界保健機関（WHO）憲章においてだと言われています[1]。該当部分の英文と和訳を紹介します。

> HEALTH IS A STATE OF COMPLETE PHYSICAL, MENTAL AND SOCIAL WELL-BEING AND NOT MERELY THE ABSENCE OF DISEASE OR INFIRMITY.
> 　（健康とは，完全な肉体的，精神的及び社会的福祉の状態であり，単に疾病又は病弱の存在しないことではない。）

　従来，健康とは疾病または病気になっていない状態だと思われていたものでしたが，ここから社会的福祉など他の要素を含めたものとしてウェルビーイングが用いられ始めることになりました。

以後，健康や幸福ということを語るときにウェルビーイングが使われるようになっていくわけですが，現在，厚生労働省では以下のようにウェルビーイングを定義しています[2]。

> 　個人の権利や自己実現が保障され，身体的，精神的，社会的に良好な状態にあることを意味する概念。

　世界的な解釈ということで，先進国の教育に大きく関与している OECD の定義も確認しておきましょう[3]。以下のように定義しています。

> 　生徒が幸福で充実した人生を送るために必要な，心理的，認知的，社会的，身体的な働き（functioning）と潜在能力（capabilities）である

　ここで注目すべき点としては，今まで，「読解力，数学的リテラシー，科学的リテラシー」の測定と分析をしてきた「PISA 調査」を進めてきた OECD がウェルビーイングに注目していることです。どちらかと言うと認知的な部分の育成に力を入れてきたと思われていた OECD が，非認知的な部分と言いますか，全人的な育成に視点を向けてきたわけで，この動向に教育に携わる方々が大きな関心を持ち始めることになります。

　日本ではここにきて大きな動きがありました。それは令和5年度から9年度までの「教育振興基本計画」にウェルビーイングが用いられたことです[4]。

　皆さんは，教育振興基本計画をご存知ですか。「教育基本法（平成18年法律第120号）に示された理念の実現と，我が国の教育振興に関する施策の総合的・計画的な推進を図るため，同法第17条第1項に基づき政府として策定する計画」のことです。ここに提示されるということは，各自治体の政策目標や政策そのものに明記する必要が生じます。つまり，好むと好まざるとに関係なく，各自治体はウェルビーイングに関する政策を打ち出さなければならなくなったことになります。もしかして，最近，私達がウェルビーイング

第1章　なぜ，学級経営にウェルビーイングなのか　17

をしばしば見聞するようになった背景には、こうした事情があるかもしれません。この「教育振興基本計画」において、文部科学省ではウェルビーイングを以下のように定義しています。

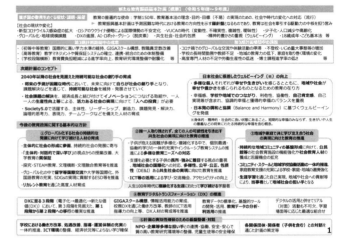

図1　新たな教育振興基本計画【概要】

> 身体的・精神的・社会的に良い状態にあること、短期的な幸福のみならず、生きがいや人生の意義などの将来にわたる持続的な幸福を含む概念。

文部科学省の定義で特徴的なのは、「短期的な幸福」と「持続的な幸福」とを区別しているところです。Hapiness（短期的な幸福）と Well-being（持続的な幸福）を区別しているという言い方もできますね。

2　ウェルビーイングが必要な背景

さて、ここにきてどうして、特に日本においてウェルビーイングが注目を浴びるようになったのでしょうか。私見を含めて説明をしていきます。

私は根本には、日本の人口動態が大きいと考えています（図2）[5]。明治維新後から2000年過ぎまで日本は異常なほどの人口増加が発生しますが、そこから100年単位で同様に異常なほどの人口減少が生じるとされています。

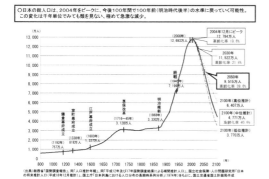

図2 「国土の長期展望」中間とりまとめ

人口増加の時代は、日本における工業化社会の発展の時期とも重なりました。大量生産大量消費が工業化社会の発展を支えます。つまり、日本では工業技術の進歩と人口増加がうまい具合に重なり、日本経済、そしてそれに伴う幸福を支えてきたわけです。しかし、2000年過ぎから大きな人口減少期を迎えます。今までと同じような生き方や考え方では日本社会の中では生きていけません。そこで、各個人の生き方、考え方に注目していこうという考え方に転換していく必要があります。いわば、人口増加時代は個人よりも集団を優先させて、集団が幸せになることで個人も幸せになるであろうという時代だったと言えます。これからの人口減少時代は、集団よりも個人を優先させて、個人が幸せになりそれらがつながりあうことでその集団や組織も幸せになっていくことを考えていく時代と言えるのではないでしょうか。ここで大切なことは、個人で勝手にやればよいという個人主義ではなく、個人が生活を充足するとともに周りと関わり合うことで組織や集団も充足していくという考えを持つことです。

　以上のようなことから、価値観の多様化（ダイバーシティの観点）やSDGsの観点（持続可能な幸福という観点）、一人当たりの生産性向上を考えた働き手不足の解消と人材確保の考え方などが生じていると考えます。

　つまり、「豊かさ」観の変化が起きているわけです。

3　ウェルビーイングの構成要素

　もう少し、ウェルビーイングそのものを深めていきましょう。例えば、ウェルビーイングはどのようなものから成り立っているのでしょうか。

　各研究者や研究機関がウェルビーイングの構成要素を研究し提案していま

PERMA	SPIRE理論
<ul><li>Positive Emotion（ポジティブな感情）</li><li>Engagement（何かへの没頭）</li><li>Relationship（人との良い関係）</li><li>Meaning and Purpose（人生の意義や目的）</li><li>Achievement/Accomplish（達成）</li></ul><div align="right">マーティン・セリングマン</div>	<ul><li>Spiritual well-being（精神的）</li><li>Physical well-being（心身的）</li><li>Intellectual well-being（知性的）</li><li>Relational well-being（人間関係的）</li><li>Emotional well-being（感情的）</li></ul><div align="right">タル・ベン・シャハー</div>
5つの構成要素	幸せの4つの因子
<ul><li>Career well-being（キャリア形成の幸福）</li><li>Social well-being（人間関係に対する幸福）</li><li>Financial well-being（経済的な幸福）</li><li>Physical well-being（身体的な幸福）</li><li>Community well-being（コミュニティとの幸福）</li></ul><div align="right">ギャラップ社</div>	<ul><li>やってみよう（自己実現と成長の因子）</li><li>ありがとう（つながりと感謝の因子）</li><li>なんとかなる（前向きと楽観の因子）</li><li>ありのままに（独立と自分らしさの因子）</li></ul><div align="right">前野隆司</div>

図3 ウェルビーイングの構成要素例

す。ここでは4つほど紹介しておきましょう。

「PERMA理論」は、ポジティブ心理学の創始者として有名な、マーティン・セリングマンにより考案されました。「Positive Emotion（ポジティブな感情）」「Engagement（何かへの没頭）」「Relationship（人との良い関係）」「Meaning and Purpose（人生の意義や目的）」「Achievement/Accomplish（達成）」の頭文字を取ったものです。これらの要素を追求することで、本質的な動機づけを得ることができるとされています。

「SPIRE理論」は、「ハーバードの人生を変える授業」の著書でも知られるポジティブ心理学者であるタル・ベン・シャハーが提唱しています。「Spiritual well-being（精神的）」「Physical well-being（心身的）」「Intellectual well-being（知性的）」「Relational well-being（人間関係的）」「Emotional well-being（感情的）」の頭文字を取ったものです。この5つのwell-beingが実現されている状態をWhole-Being（全体性）と呼び、これを目指していくことになります。また、この5つの中のwell-beingでは、「Relational well-being（人間関係的）」が最も幸せとつながりが強い要素であるとして重要視しているとのことです。

「5つの構成要素」はアメリカで世論調査やコンサルティング業務を行うギャラップ社が定義した要素です。ウェルビーイングや幸福の調査データを示して話合い等を進めるときに、このギャラップ社のデータを用いることが多いです。「Career well-being（キャリア形成の幸福）」「Social well-being（人間関係に対する幸福）」「Financial well-being（経済的な幸福）」「Physical well-being（身体的な幸福）」「Community well-being（コミュニティとの幸福）」からなる要素は、確かに生活全般からウェルビーイングのデータを集めている感じがして説得力が高いです。

「幸せの4つの因子」は日本で幸福学の第一人者である前野隆司が提唱しているものです。「やってみよう（自己実現と成長の因子）」「ありがとう（つながりと感謝の因子）」「なんとかなる（前向きと楽観の因子）」「ありのままに（独立と自分らしさの因子）」という4つの因子で幸せが成り立っているとします。これらはいずれも個人、そして内面的なものです。教室内で日常的に実践していく考え方や進め方としては実用的かもしれません。

4 日本的幸福と北米的幸福

ところで、数ページ前に戻っていただいて図1「新たな教育振興基本計画【概要】」を見てもらうと「日本社会に根差したウェルビーイングの向上」という見出しが目に入ると思います。これは、日本（もしくは東アジア）と他国（他地域）とでウェルビーイングや幸福に関する感じ方や考え方が違うのではないかということから生じています。

例えば、「World Happiness Report 2023[6]」では世界の幸福度調査を行い、国別のランキングを示しています。ここでの日本の順位は47位です。『「健康寿命」は上回っているものの、「人生の自由度」「他者への寛容さ」「社会的支援」「経済水準」など、多くの項目で下回っている傾向[7]』が見られると分析しています。日本の幸福度は低い、というような情報は一般のニュースでも放送していることがあり、皆さんもご存じかもしれません。

これらの調査は主に、アンケート（質問紙）によるものです。つまり相対

的で主観的なものになります。そんな中，それぞれに感じ方や考え方，文化の違いによりウェルビーイングや幸せの考え方や感じ方，捉え方が異なるのではないかという考えが生まれてきました。例えば「World Happiness Report 2023」のランキングの上位は北欧が並んでいることや，東アジアで最も順位の高い国はシンガポールですが，それも25位として世界各国から見て低い順位にあることを理由に挙げている方がいます。

　内田由紀子は，獲得的幸福観を背景にした「北米的幸福」と協調的幸福観を背景にした「日本的幸福」を提案しています[8]。北米的幸福とは「個人の自由と選択」「自己価値の実現と自尊心」「競争の中でもまれる」「それらが翻って社会を豊かにするという信念」で成り立ち，日本的幸福とは「幸福の「陰と陽」」「他者とのバランス」「人並み志向」「まわりまわって自分にも幸せがやってくるという信念」で成り立っているというものです。これらはどちらも尺度を用いて調査されており説得力が高いものです。

　これらを明らかにした後，内田は現在の日本の心のあり方は，１階が協調性，２階が独立性をもとにした２階建ての家のようになっているのではないかと述べています[9]。もともと協調的幸福観を基礎として平屋生活をしてきた日本に，「グローバリゼーションと市場原理主義」という獲得的幸福観が「後づけ的」に土台化されていない２階へ増設されたのではないかというものです。

　これらをもとに考えると図１「新たな教育振興基本計画【概要】」で示されている「日本社会に根差したウェルビーイングの向上」という内容が理解できるのではないでしょうか。

2　学級経営とウェルビーイングとの関係

　今まで，ウェルビーイングの経緯を簡単にまとめてきました。ここからは学級経営とウェルビーイングがどのように結びつき，どう考えていくことができるのかを探っていくとします。

1 学級経営の内容

　改めて，学級経営の内容を考えてみます。ここでは以下の２つを参照します。

　１つ目は，文部科学省が学級経営に触れた文書ということで生徒指導提要[10]です。

> 　学級・ホームルーム経営の内容は多岐にわたりますが，学級・ホームルーム集団としての質の高まりを目指したり，教員と児童生徒，児童生徒相互のよりよい人間関係を構築しようとしたりすることが中心的な内容と言えます。

　２つ目は，学級経営を研究した近著[11]です。

> 　文科省は「学級経営」を次のように扱っているとみなすことができる。特別活動領域をその「要」として，学習指導や生徒指導を含むさまざまな教育活動の基盤としての，児童生徒の実態，人間関係や学習環境と言った諸条件を整備することで，生活集団・学習集団としての質を高めていく営みである。

　学級経営には確固たる定義がなく，各々が独自の定義を展開しているわけですが，それでもおおよそ類似の文章になります。ここで重なるのは「集団としての質を高めていく」ことを目指すということです。ここに学級経営の肝を感じます。集団の質とは何でしょうか。図２「「国十の長期展望」中間とりまとめ」を用いて述べたように，私は2000年初期の頃の日本とそれを過ぎてからの日本では，集団のあり方を変えなければならないと考えています。つまり，集団の幸せを支える個から，個の幸せを支える集団へということです。

　「集団の幸せを支える個」というのは，集団の維持や集団全体が優先され

ます。例えば，運動会の全体演技のように個性を滅して全体に合わせるようにした方が成果として認められるとともに満足感，成就感，幸福感につながってくる考えです。これは，先にも書きましたが，工業化社会と人口増加が重なった頃の日本は大量生産大量消費での高度経済成長やバブル経済に直結することになり，個を滅することに違和感を持ちながらも幸福を享受できる時代だったと言えるでしょう。

　「個の幸せを支える集団」というのは，各個人の幸せに焦点を当てながら個人の好き，強み，こだわりを活かして集団を構成していくことで個人もそして集団（組織）も効率的に効果的に運営していくという考えです。これは，人口減少時代を迎えるにあたり，一人ひとりの存在を大切にした個に注目し，そこから成り立つ集団や組織を考えていこうとする方向です。この場合，個人は一人ひとり異なるということを前提にするとともに，異なることを大切にして進めていくことになります。

　学級経営が想定する「集団の質の高まり」において「個の幸せを支える集団」を目指した場合，そのターゲット（的）はウェルビーイングだろうと私は考えています。

　石川善樹は，ウェルビーイングに影響を与える最大要因を「適切な数の選択肢があってその中から自己決定できるかどうか[12]」だと述べます。日常的に自己選択，自己決定ができる環境にあることが大切だとも言えそうです。これを実現するには「社会としての寛容さ」が必要になります。つまり，「区別，差別しない」ということです。「しかし，日本は不寛容気味（レールに乗せたがる）」と石川は言います。これは，前述の私の考えと結びつけるなら，日本社会は未だに「集団の幸せを支える個」（集団を優先させる）という部分が強いために，個々人が自分の日常生活の範囲内で自己選択，自己決定すること，つまり「個の幸せを支える集団」（個人を優先させる）を確立できていないことを示していると言えるのではないでしょうか。「社会としての寛容さ」や「区別，差別しない」ということは多様性を認めるということです。学校内で，教室内で，この部分に迫っていくことはとても大切な

24

ことであり，学校教育でウェルビーイングを具体的に推し進めていく上で，大切な観点になると考えます。

2 21世紀型学級経営を見据える

白松賢は「多様性を尊重するコミュニティとしての学級」を目指して，以下のように21世紀型学級経営を提唱しています[13]。

> 学校生活に不利な立場にいる（学校において期待される文化とは異なる文化を有する）児童生徒が，文化的な境界を超えて，安心して学校生活を送れるように配慮されている学級

この背景として，白松は「変化の激しい社会，グローバル化する社会では，文化的な寛容さを持ち，人々の多様性を尊重しながら，矯正していくことが求められます[14]」と述べています。先の石川が述べていることと重なります。文化的な寛容さは，多様性を尊重することにつながり，それは安心して日常的に自己選択，自己決定ができる環境で生活できることになります。それを進めることでウェルビーイングを実現していく可能性が高くなります。

これには「DE&I」という考え方が役立ちます。DE&Iとは，Diversity（ダイバーシティー：多様性）・Equity（エクイティー：公平性／公正性）・Inclusion（インクルージョン：包摂性／受容性）の頭文字を取った言葉で市

図4　平等のイメージ

図5　公正／公平のイメージ

民性やグローバルな視点を持った企業や組織，集団で用いられるようになっています。以前から「D&I」という言葉は用いられてきましたが，Equity という言葉が入ったことがミソです。

　同調性の高い集団では，私の言葉を用いるとすれば，「集団の幸せを支える個」（集団を優先させる）であれば，Diversity や Inclusion を実現させていくときに，平等性（Equality）を用いることが多いです。平等性とは，どのような人にも同じツールや環境の状態にするということです（図4）。もちろん不平等よりは良いということになりますが，多様である個人に対して対応していることになりません。Equity とは，一人ひとりの固有のニーズに合わせてツールや環境を調整して，誰もが参加できる状態に配慮することです（図5）。多様性に対応し，インクルーシブな社会を実現していくためには当然の感覚ですが，公平よりも平等が優先される社会では，図5のような状態がたいへん不平等で，不公平のような感覚になります。まさに不寛容な社会ですね。「個の幸せを支える集団」（個人を優先させる）の芽を学校で，教室で育てていく必要があります。

3　OECDラーニング・コンパス（学びの羅針盤）2030から読み解く

　学級経営の内容からウェルビーイングを結びつけて論を進めてきましたが，OECD は「ラーニング・コンパス（学びの羅針盤）2030（以下，ラーニング・コンパス）」にてウェルビ

図6　OECDラーニング・コンパス2030

ーイングをすでに目標に掲げています（図６）。

　ラーニング・コンパスは「OECD Future of Education and Skills 2030 プロジェクト（Education 2030 プロジェクト）」の成果として公開されたものです。ここでは，「「2030 年に望まれる社会のビジョン」」と，「そのビジョンを実現する主体として求められる生徒像とコンピテンシー（資質・能力）を共に創造・協働してきました[15]」としています。その中で「個人のウェルビーイングと集団のウェルビーイングに向けた方向性」を示しています。

　この「ラーニング・コンパス」には数多くの重要な用語が取り上げられていますが，「学級経営とウェルビーイング」の関係で言えば，ぜひ取り上げておきたい用語として「ラーニング・コンパス」「エージェンシー」「見通し・行動・振り返り（AAR）サイクル」があります。

　「ラーニング・コンパス」は比喩です。「生徒が教師の決まりきった指導や指示をそのまま受け入れるのではなく，未知なる環境の中を自力で歩みを進め，意味のある，また責任意識を伴う方法で，進むべき方向を見出す必要性を強調する目的[16]」でこの言葉が採用されたと言います。ここから，一方的に教師が知識を伝達するような指導ではなく，子ども自身が目標に向けて学んでいく過程であることが伺えます。そのためには，コンパスのような学習者自身でたどっていける「学習の枠組み[17]」を指導者側が準備したり，学習者とともに考えていったりする必要があるでしょう。

　「エージェンシー」は，OECD によると「社会参画を通じて人々や物事，環境がより良いものとなるように影響を与えるという責任感を持っていることを含意する[18]」とし，「これは新学習指導要領で示されている主体性に近い概念ですが，より広い概念と考えられます[19]」としています。個人による生徒エージェンシーと社会的文脈による共同エージェンシーという２つのエージェンシーの概念を紹介しています。つまり，「ラーニング・コンパス」を手にすることで，「エージェンシー」が発揮しやすくなり，「ウェルビーイング」に向かっていくいくことができると OECD は考えていると整理することができるのではないでしょうか。

第 1 章　なぜ，学級経営にウェルビーイングなのか　27

「AARサイクル」は「学習者が継続的に自らの思考を改善し，集団のウェルビーイングに向かって意図的に，また責任を持って行動するための反復的な学習プロセス[20]」のことです。「ラーニング・コンパス」や「エージェンシー」という用語を知っても，どのようにウェルビーイングの実現を目指していけばよいのか具体的な進め方をイメージできない指導者にとって見通し・行動・振り返りというプロセスはより良いヒントになることでしょう。

4 ファシリテーションの視点から考える

私は，学校教育でファシリテーションの考え方や進め方を取り入れることを提案しています[21]。先に紹介した「ラーニング・コンパス」の考え方を知って，私が提案する教室ファシリテーションの考え方にとても近いことに気づきました。

ファシリテーションも皆さんには，よく耳にする用語の一つになっているかもしれません。中央教育審議会が2021年1月26日に出した答申において，「教師に求められる資質・能力」の一つとして「ファシリテーション能力」を初めて文部科学省の公的な文書の中で取り上げています。文部科学省ではファシリテーションを以下のように説明しています[22]。

> ファシリテーションとは，集団が持つ知的相互作用を促進する働き。人が本来もっていた力を引き出し，相互にかけ合わせることで増幅し，集団の力を最大限に高めていく。
> 相互作用は，プラスにもマイナスにも働く。プラス効果を高めるように促しつつ，マイナス効果を抑え込んでいくことが，ファシリテーターの役割。

ファシリテーションを用いて，学習者の主体性を存分に発揮してもらうことを目指すわけです。

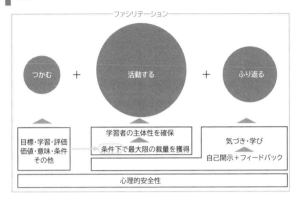

図7 教室ファシリテーション（試案）

私は、その進め方をイメージしてもらいやすいように「教室ファシリテーション（試案）」というものを提案しています（図7）。「ラーニング・コンパス」との共通点を挙げていきましょう。

第一に「ラーニング・コンパス」そのものとの重なりです。「生徒が教師の決まりきった指導や指示をそのまま受け入れるのではなく、未知なる環境の中を自力で歩みを進め……」という「ラーニング・コンパス」の説明は、そのまま学校の教室で進めるファシリテーションの説明に用いても違和感がありません。話合いを成り立たせる三要素[23]というものがあります。それは「プロセス（話合いの持ち方）」「コンテンツ（話し合っているテーマ・内容）」「ストラクチャー（参加メンバー・役割など）」で成り立っていて、三田地真実はファシリテーションはプロセスに着目すると言います。学習者（生徒）が未知なる環境の中を自力で歩みを進めるようにしていく様は、まさしく「ラーニング・コンパス」であり、「学習の枠組み」に重なります。

第二に「エージェンシー」です。エージェンシーは学習指導要領の主体性に近似であると説明されています。この「教室ファシリテーション（試案）」は教室の中で学習者の主体性を最大限に発揮してもらうように配慮した枠組みになっており、大変親和性があります。

第三に、「AARサイクル」です。「見通し・行動・振り返り」としているAARサイクルに対し、「教室ファシリテーション（試案）」は「つかむ、活

第1章　なぜ、学級経営にウェルビーイングなのか　29

動する，ふり返る」としています。「つかむ」とは，これからほとんどの時間に用いる「活動する」時間で主体的に活動できるようにするため，最初に目的，学習方法や順序，評価の仕方，学習の意味や価値，時間管理などのルールや条件等を共有したり，計画を立てたりすることを指します。これらは，指導者に頼ったり，顔色を伺ったりせず，自分や集団の考えのもと主体的に活動してもらうために必要な手続きという考えで位置づけしています。AARサイクルの「見通し」も同じような意味で使っていることと想像できます。サイクルになっていないところで若干の違いはありますが，これらを生活や学習で用いていくことで必然的にサイクルになっていきます。

　私の挙げる「教室ファシリテーション（試案）」は，他に「心理的安全性を土台とすること」や「気づき・学びを得るために振り返り（自己開示とフィードバック）を用いること」も大切な要素となっていますが，本論では説明を省きます。

3　今後待たれる，具体的な実践と研究

　本章では，まず，ウェルビーイングの経緯と今を説明した後，現時点で考察できるウェルビーイングと学級経営に関係することをまとめてみました。時代が大きく変化していく中で，形として見えにくいウェルビーイングが社会で必要とされる理由と，教室内でも社会同様にウェルビーイングを意識して目標としていくことが大切だとわかっていただけたでしょうか。

　太平洋戦争が終わってすぐの頃，学校は地域社会の先進でした。学校に行けばその地域で最も新しい知識や考え方を入手できたのです。それがいつの間にか社会から取り残されるとともに学校だけでしか通用しない指導や管理が行われていることを見聞するときがあります。今こそ，社会と学校を分断せず，今社会に求められている力を学校で，教室で，育んでいくことが必要だと考えます。

　その一つが，ウェルビーイングに向かっていく実践や研究を試行錯誤を重

ねながら積み重ねていくことだと考えます。

　本書でも，次の章からその試行錯誤を提供しています。ぜひ皆さんも当事者目線でお読みいただくとともにぜひウェルビーイングを目指した学級経営に取り組んでいただきたいと願います。

（阿部　隆幸）

【引用文献】

１）　日本 WHO 協会「世界保健機関（WHO）憲章とは」https://japan-who.or.jp/about/who-what/charter/（2024年 3 月15日閲覧）

２）　厚生労働省（2019）「雇用政策研究会報告書」https://www.mhlw.go.jp/stf/shingi 2 / 0000204414_00003.html（2024年 3 月15日閲覧）

３）　国立教育政策研究所（2017）「OECD 生徒の学習到達度調査 PISA2015年調査国際結果報告書『生徒の Well-being』」p.4

４）　文部科学省（2023）「新たな教育振興基本計画【概要】（令和 5 〜 9 年度）」https://www.mext.go.jp/content/20230615-mxt_soseisk02-100000597_02.pdf（2024年 3 月15日閲覧）

５）　国土交通省（2011）「「国土の長期展望」中間とりまとめ」https://www.mlit.go.jp/common/000135841.pdf（2024年 3 月15日閲覧）

６）　World Happiness Report 2023, https://worldhappiness.report/ed/2023/（2024年 3 月15日閲覧）

７）　講談社 SDGs by C-station/【2023年版】ウェルビーイングとは？ いま注目される理由と，SDGs や経営の視点からみた重要性｜ SDGs にまつわる重要キーワード解説 https://sdgs.kodansha.co.jp/news/knowledge/40247/（2024年 3 月15日閲覧）

８）　内田由紀子，中央教育審議会委員 / 計画ポイント解説〜ウェルビーイング編（Youtube 文部科学省チャンネル）https://youtu.be/AF 2 -S I EGGiE?si=mdxewlfWXdzqQ 7 16（2024年 3 月15日閲覧）

９）　内田由紀子（2020）『これからの幸福について―文化的幸福観のすすめ』新曜社，pp.123-124

10）　文部科学省（2022）「生徒指導提要（改訂版）」p.42

11）　福嶋祐貴「学級経営の概念規定」，田中耕治（2022）『学級経営の理論と方法』ミネルヴァ書房，pp.23-39

12）　NewsPicks/ どうすれば幸せになれるのか？ コロナ禍で注目される，ウェルビーイングを徹底解説【石川善樹 × 成毛眞】（Youtube NewsPicks チャンネル），https://youtu.be/

JBf 7 mXPVs- 0 ?si=X I mdrDhQAhfOpoxv（2024年 3 月15日閲覧）

13） 白松賢（2017）『学級経営の教科書』東洋館出版社，p.49

14） 前掲13）

15） OECD「LearningCompass2030仮訳」https://www.oecd.org/education/2030-project/（2024年
3 月15日閲覧）

16） 前掲15）

17） 前掲15）

18） 前掲15）

19） 前掲15）

20） 前掲15）

21） 阿部隆幸，ちょんせいこ（2023）『学級経営がうまくいくファシリテーション』学事出版

22） 文部科学省（2021）「中教審：学校管理職を含む新しい時代の教職員集団の在り方の基本
的考え方」https://www.mext.go.jp/content/20210915-mxt_kyoikujinzai01-000017240_2.pdf
（2024年 3 月15日閲覧）

23） 堀公俊監修，三田地真実著（2007）『特別支援教育「連携づくり」ファシリテーション』
金子書房，p.10

第2章

ウェルビーイングを高める他者への関心とWE視点

2 ウェルビーイングを高める 他者への関心と WE 視点

大切な他者の存在が 子ども達の物語を幸せなものに変える

Point
- 他者への関心と WE 視点がウェルビーイングの向上に影響する
- 「一人ひとりを大切にする時間」「所属感と貢献感が得られる学級への参画」がそのきっかけとなる

1 ウェルビーイングが高まった子ども達に見られた2つの共通点

1 どこをどう見て，どう解釈するか

　家に帰ると，幼稚園に通い始めて間もない長男が「おねえさんがたくさんきてちけっとをくれた！」と言いながら駆け寄ってきました。話を聞くと，どうやら年長さんが何かの発表に招待してくれたようです。しかし，年長さんのお姉さん達に遊んでもらうことが大好きな彼にとっては「年上のお姉さんがたくさん来てくれた出来事」として心に残っているのです。こうした子どもの「今日ね……」という話が示しているのは正確な事実ではなく，本人の認識であり，心に刻まれた今日の物語です。続けて長男は私に「じぶりぃぱぁくにはいつ行くの？」と聞いてきました。まだ3年間の人生経験しかない彼にとって「ちけっと」とは「ジブリパークに行けるもの」を指すのです。

　発達心理学を専門とする岡本夏木（2005）は「人間は生きてゆく中で遭遇する出来事を，それが自分にとってどういうものなのか，つまりその出来事に意味付けをしながら受け止めてゆきます」と述べています[1]。長男は，この真新しい出来事を「チケットをもらったこと」「いつもお姉さんたちと遊んでいること」「チケットを使ってジブリパークに行った思い出」と結びつけ「お姉さんたちにジブリパークに誘われた」というストーリーをつくりな

がら，解釈したのでしょう。子ども達はこうして自分にある解釈の枠組で出来事を意味づけ，ストーリーをつくりながら出来事を解釈していきます。

　これは少し物語を進めている小学生でも同じです。むしろ物語がそれぞれ進んでいる分，より認識の違いが表れてくるはずです。例えば，誰かに悪口や陰口を言われた経験がたくさんある子にとっては，4人集まって話をしている様子も「自分の悪口を言われている」ように見えてしまうでしょう。今まで刻んできた物語によって，見え方や捉え方が異なるのです。

　教師として学級全体を見ていると，ついつい教室で起こったことを一つの出来事として捉えてしまいますが，それぞれの子ども達によって見ていることや捉え方は異なります。一人ひとりの心には，教室の事実が同じように刻まれていくのではなく，それぞれの物語・ストーリーが刻まれていくのです。保護者の方からの「うちの子がこうやって言っているんです」という相談の内容と教室で起こった事実が食い違っていたり，けんかの言い分が子どもによって違っていたりするのも，必ずしも子ども達がうそや都合の良い話をしているからという訳ではなく，こうしたどこをどんなふうに見て，どんなストーリーを刻んだのかのという違いが生み出しているのかもしれません。

　そう考えていくと，子ども達のストーリー化の仕方。つまり，どこを見て，どう捉えて，どんな物語にしながら解釈していくかということと，子どものウェルビーイングには何か関係があるのではないかと思いました。満足感や充実感を得ながら生活している子と，そうでない子では，見ているところや捉え方が異なるはずです。そこで日々のストーリーを文字にした子ども達の日記と，ウェルビーイングの高まりの関係を分析し，

ウェルビーイングが高まった子ども達にはどんな共通点があるのか

を考えてみることにしました。

　令和5年度全国学力・学習状況調査では，今年度から質問紙調査の中に主観的なウェルビーイングにまつわる項目が追加されています。そこで，その

質問項目を11月にも再度調査し，子ども達のウェルビーイングが春からどう変化したのかを比較しました。その結果，ウェルビーイング得点が上がった子どもが何人も見られたため，今度はその子ども達のストーリー化の仕方（どこを見て，どう捉えて，どんな物語にしながら解釈していくか）を約半年間にわたる日記から分析してみました。するとおもしろいことにウェルビーイング得点が高まった子どもの日記にはいくつかの共通点が見られたのです。

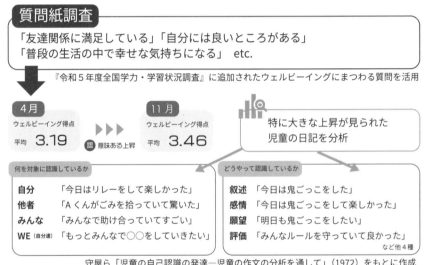

子どもの捉え方とウェルビーイングの高まりの関連をどう分析したか

2　日記に現れる他者の存在

1つ目の共通点は子ども達が綴った日記の中に「他者」や「みんな」の存在が多く見られるようになったということです。これは，もともとウェルビーイングがそれほど高くなかった子どもに多く見られた共通点でした。自分に起こった出来事や自分の気持ちだけを日記に書いていたところから，だんだんと他の仲間が登場するようになっていったのです。

アキくん（仮）もそのうちの一人。書く内容が「自己にまつわること」ば

かりだったところからだんだんと「他者」「みんな」「WE（自分達）」に関する内容が増えていました。実際の彼の日記をいくつか見てみましょう。

> 5月17日
> 　クラス会議をしました。一人一人の意見をみんなしっかりと聞いていていいなと思いました。学級目標として決まった「一人一人がワンピース」の意味が深くていいなーと思いました。

彼の日記に初めてきちんと他者が登場したのは，学級目標を決める話合いをした日のことでした。一人ひとりの意見に耳を傾ける様子を綴るときに「みんな」という言葉を使ったのです。そしてその2日後，翌日に迫る運動会に向けて，同じように一人ひとり意見を言っていったときにも「みんな」という言葉を使っていました。そして，次の6月14日の日記をきっかけにさらなる変化が見られるようになります。

> 6月14日
> 　思い出総選挙で当選されたのがうれしい。思い出が短冊になって，後ろにかざられるのってめっちゃいいと思う。昔やったものとか音楽とかきくと，「うわーなつかしいー」ってなるのめっちゃ好き。まるで過去にもどったみたいな感覚。

この学級の取り組みに自分が参画できたという経験をきっかけにして，彼の日記にはさらに他者やみんなの姿が現れるようになっていきました。A.アドラー（岸見訳，1996）は「自分のことだけを考えるのではなく，他の人にも関心をもっていること」を重要視しましたが[2]，こうして実際にウェルビーイングが高まった子どもの日記に他者や仲間の姿が多く描かれるようになっていったところがとても興味深く感じました。

　このような変容がアキくんだけでなく，他のウェルビーイングが大きく上

がった子どもにも見られたことから，一人ひとりが大切にされる時間や学級の取組に参画できた経験がきっかけとなって「他者やみんなの存在への関心」が高まったことが，ウェルビーイングの向上につながったと考えられます。

3 WE視点の獲得

また，学級の取組に参画できたという経験は，他者への関心だけでなく，所属感や貢献感をも引き出してくれます。そしてその所属感や，貢献感によって子ども達は，学級で起きた出来事を「WE（私達）」という視点から見ることができるようになっていきます。

この「WE視点の獲得」がウェルビーイング得点が高まった子どもに見られた2つ目の共通点です。特に得点が中位からさらに上昇した子どもに多く見られました。そのうちの一人であるカリンさん（仮）の日記を紹介します。

5月26日
　今日道徳のときに教科書を配っていた人がいていいなと思いました。道徳でみんな真剣に考えていて，話す，やるときはやるとめりはりをつけていたのでいいなと思いました。

カリンさんをはじめとするこの子ども達には，上の日記のように，みんなのことを外から評価したような書きぶりが多く見られていました。しかし，次第に「みんな」の中に自分が含まれていきWE（自分達）の視点でどうしたいかを綴るようになっていくのです。

7月7日
　お楽しみ会の準備の時，みんな真剣に考えてていいなと思った！とうそう中大変……でも大変だったからこそ楽しいお楽しみ会になるんじゃないかな！みんなで楽しくできるようにがんばろー！！

カリンさんがWE視点を獲得するきっかけとなったのは，お楽しみ会を運営する係になったことでした。すごいな，と思っていたみんなに対して，自分の役割を持てたことで，一緒に進んでいくようなWE感覚が持てたと考えることができます。大変だけど良くなっている，みんなで楽しくできるように頑張ろうという充実感や楽しい気持ちの高まりが見られます。

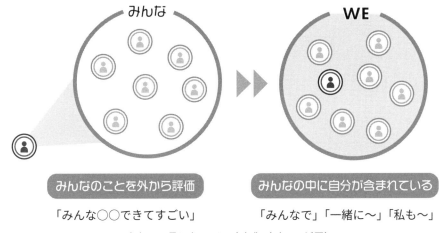

みんなの一員になっていく変化（イメージ図）

　これを期にカリンさんは学級会の司会や，委員会の委員長など様々な役割に挑戦するようになっていきます。また日記の記述にも変化が見られ，集団の中に自分が含まれているような書きぶりが増えていきました。例えば，これはのりを配っている仲間を見た日の日記です。

> 10月3日
> 　今日，給食の時間に○○さんがのりをずっと配ってて「すごっ！！」と思いました。自分よりもみんなを優先しているところがすごいあこがれ。私もそうなれるようにがんばりたいです！！

　今までであれば，「すごい」で終わっているところが，今回はそれに加え

第2章　ウェルビーイングを高める他者への関心とWE視点　39

て「あこがれ」という向上的な気持ちを持つことができています。つまり，仲間から受けた刺激を自分に還元することができているのです。

お楽しみ会の運営になったことが引き金となりWE視点が見られるようになったカリンさん。おもしろいことにWE視点が見られるようになった他の子どもの日記にも，運営や係として活躍できた，誕生日をみんなに祝福された，休み明けに歓迎してもらえた，嘔吐してしまったときに優しくしてもらえたなどの引き金となる出来事が見つかりました。こうして貢献感や，所属感を得られたことをきっかけに子ども達は「WE視点」を獲得していきます。

これらの結果から，ウェルビーイングの高まりには「他者やみんなの存在に関心をもつように」なること，「WE視点の獲得」が関係していること，またそのきっかけとして①「一人一人の存在を大切にした時間」②「所属感・貢献感が得られる学級への参画」という経験の2つが関係していると言うことができそうです。そこで，続いてそれらを満たす実践の具体例を紹介していきたいと思います。

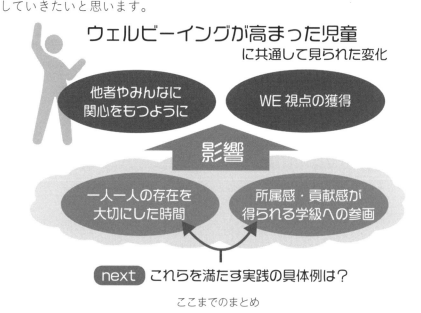

ここまでのまとめ

2 ウェルビーイングが高まるきっかけを生みだす実践例

1 学級開きから継続して対等感を強調する

アキくんが，一人ひとりが意見を言っていく時間に「みんな」という言葉を初めて使ったように，全員が対等に扱われるような時間を設けることによって子ども達の「みんな」への意識は高まっていきます。逆に発言力のある子だけが意見を言っていたり，コミュニケーション能力が高い子だけが活躍する学級では，子ども達が「みんな」を意識することはないでしょう。

そこで，学級開きからそんなふうに，誰一人取り残さない，全員のことを大切にしたいという思いを，一人ひとりの目を見ながら公言し，対等性を力強く示すことで，温かな方へと向かう学級の方向性を示していきます。

また，それだけではなく実際に一人ひとりの存在を大切にする時間を明確に設けていくことが「みんな」という意識を高めていきます。例えば本学級では以下のような取り組みをしています。

○週に一度のクラス会議で全員に発言権を回す。

○悩み事があったり，集団の課題に気がついたときには，クラスの議題箱にそれを書いて入れてもらうようにする。

○日直が回ってきたときに，全員の前で朝のスピーチを行ってもらう。

（※これらは仲間の話に耳を傾ける指導とセットで行う）

○日々の日記を，何日かに一度学級通信に掲載する。

○朝，必ず全員の名前を呼んであいさつをするようにしている。

○その人の誕生日にはクラス全員でサプライズを行い，バースデーカードを渡す。

一つひとつは小さなことですが，こうした日々の積み重ねが子ども達に他者やみんなの存在を意識させていきます。

第2章　ウェルビーイングを高める他者への関心と WE 視点　41

2 全員で掲示物を組み立てる「学級目標完成式」

　また，学級目標も一人ひとりの存在を大切にしながら創り上げていきます。確かに，一部の意見を取り上げて目標を完成させ，教師が掲示物を創ったり，作業が得意な子にお願いした方が，時間もかからず，高いクオリティのものが出来上がるでしょう。しかし，その代償として他の何人もの子ども達に「大事なことは先生がやる」「大事な場面に自分は必要ない」という誤った認識を与えてしまう可能性があります。

　そうではなく，学級にとって自分は必要な存在なんだということを力強く感じさせるためにも，学級目標の掲示物の制作を全員の手で行うようにしています。デザインの公募，投票でのデザイン決定，文字を書いたり制作を手伝ったりするボランティアの募集など，制作過程の全てを，誰でも参加できるオープンな状態で行い，最後には全員で「学級目標完成式」を行います。

　みんなで順番に手形を押したり，一文字ずつ言葉を書いたり，自分を表す色を塗ったカードを貼っていったり。一人ひとりが手を加えていく様子をみんなで見守るので，それなりに時間はかかりますが，それぞれが学級目標へ強い思い入れを持つようになります。

　昨年度は「一人一人がワンピース」という目標だったので，一人ひとり自分の好きな色を塗ったピースをはめ込んでいき，全員でパズル型の掲示物を完成させました。学級目標が決まったのは5月半ばのこと。焦って学級目標を完成させるよりもみんなで創り上げることを大切だと考えていました。

　順番に黒板の前に立ってパズルをはめ込んでいくたびに自然と拍手が起こります。「おーっ良い色」「イェーイ！」と一人ひとりを学級の一員として歓迎しているような声がかかります。中にはその様子に涙を浮かべている子ども達もいたほどです。きっとこれまでも心のどこかで，みんなのことを大切にしたいという思いを持っていたのでしょう。先ほど登場したアキくんもそんな学級の様子に感動したようで，この日の様子のことを次のように綴っていました。

> 6月26日
> 　今日やっと「一人一人がワンピース」のあのロゴみたいな，アイコンみたいななんかが完成しました。なんかみんなが入ってるのが好き。あと多分感動で泣いている人がいたけどそんな泣くだとぉ（泣）感動したよぉ…（泣）まぁ実はつられ泣きしそうになっていました。

アキくんの見える世界に，仲間の姿がはっきりと映し出されていることがわかります。

完成した学級目標「一人一人がワンピース」の掲示物

そして，学級の最後の一日には学級目標の「解体式」を行いました。涙を流しながらパズルを外していく子ども達を見ながら，一人ひとりにとって学級目標の掲示物がどれだけ大切なものになっていたかを実感しました。

3 みんなの言葉で学級の物語を創る「思い出総選挙」

　続いて，アキくんが大きく変わるきっかけになった「思い出総選挙」という実践を紹介します。進め方は以下の通りです。

---

①月の終わりに，学級の思い出になる出来事をプリントに記入する。

②その中からいくつかを教師が選定しておき，黒板に書きだす。

③多数決を採り，その月の学級の思い出を決定する。決まった思い出は
　短冊に書き教室背面に掲示する。

　まず，①全員にプリントを配布し，その月の思い出になりそうな出来事を記入します。本学級では，毎日日記を書いているので，それを見ながら記入している子どもが多いです。

　また，高学年では同時に七・五調などの語感やリズムにまつわる話，比喩表現や倒置法などの表現技法にまつわる話を紹介しておくと，豊かな表現が見られるようになり，どんどんと短い言葉の中にメッセージを込めることができるようになっていきます。少し話題が逸れますが，この「短い言葉にまとめる力」はこれからの情報社会を生きていく子ども達にとって必要不可欠な力だと考えています。インターネット社会は，文字言語の社会でもあります。例えば，パン屋さんを経営するにしても，昔ならば「美味しいパンをつくり，来た人に喜んでもらうこと」を一番に考えていればよかったかもしれませんが，最近ではそこに「どんなハッシュタグをつけて紹介するか」「どんなキャッチフレーズをつけるのか」といったことが必要になってきます。またSNSでトラブルが頻発してしまうのも，短い言葉の中でメッセージを伝えたり，短い言葉に込められたメッセージを汲み取るのが上手ではないから，と言うこともできるでしょう。そんなふうにこの実践に込められた願いを語ると，子ども達はより意欲的に取り組むようになります。

　次に②その中からいくつかを教師が選定し，黒板に書きだします。語感の良さや，表現のおもしろさ，内容や視点を基準に選択するのですが，一人一

つは選ぶようにしておくと，対等感が保たれ，翌月以降も子ども達が張り切って取り組むようになります。黒板に書きだしていくときには「ああ，そんなのあったねー」「これは選びきれない」といった声が上がります。時間はかかってしまいますが，温かな空気が流れる時間になります。

　そして，③多数決でその月の学級の思い出４つを決定し，決まった思い出を短冊に書き教室背面に掲示します。一月に４枚ずつ増えていくので，学期末には40枚以上もの思い出が並ぶことになります。

思い出総選挙の掲示物

　これは昨年度の５月に行った思い出総選挙で選ばれた作品です。左側の作品は，遠足で疲れ果てた様子を流行のハッシュタグを使って「＃ただいま足パンク中」とユニークに表現したことで票が集まりました。隣の「小学校最

第２章　ウェルビーイングを高める他者への関心と WE 視点　45

後の晴れ舞台」というのは最後の運動会の思い出を言葉にしたものです。最後の晴れ舞台であること，その日天気に恵まれたことが掛詞になっています。

　次の「ワンピースになったみんな」は先ほど紹介した学級目標完成式の様子を綴ったものです。12文字の言葉の中に，学級目標が決まったということと，それをみんなでつくったということが込められています。

　そして，最後の「帰ってきた佐橋。」というのは，父を亡くした私に対して向けられたアキくんの温かな言葉でした。授業中に教室のインターホンが鳴り，父が運ばれた知らせを受けた私は，そのまま数日間学校を休むことになってしまいました。子ども達はみんな何が起こったのかを察していたようで，数日ぶりに教室に戻ると，それぞれの子ども達がその子なりの気遣いをしてくれました。その一連の出来事を，直接的な表現を避けながら「帰ってきた佐橋。」と表現してくれたのです。

　短い言葉だからこそ，こうしてたくさんのストーリーをその背景に込めることができます。そして，その意味はそこにいた当事者にしかわかりません。そんな合言葉のようなものが毎月毎月積み重なっていくことで，また子ども達は「WE」の感覚を強めていきます。

　また，常に全員に開かれた，オープンな状態になっているということも重要なポイントです。一部の係が進めていくわけでも，先生がお願いした子ども達が作成しているわけでもなく，みんなに平等に参加権があります。また，誰が書いたかがわからない状態で投票をするので，影響力の強い子のものが選ばれるといったこともありません。純粋にクラスのみんなの共感を生むような作品が選ばれていくので“意外なあの子”が選ばれることもたくさんあります。

　3月にみんなで大掃除をして，積み重なった掲示物を剥がしていく際には「あぁー」「取っちゃうの」といった声が聞こえてきました。それだけこの「思い出総選挙」が子ども達のWEの感覚を高めていたということなのだと思います。

4 学級への参画を促す「お楽しみ会運営」と「司会グループ」

　こうして所属感や貢献感が誰でも得られるように実践をオープンな状態にしておくことは大切です。つまり「誰でも参加できる」状態にしておくのです。そうすることで少しでも「自分もやってみようかな」と思ったときにいつでも学級に参画することができます。

　例えば，他にも本学級ではクラス会議の司会グループに誰でも立候補することができます。ポイントは「司会」以外の役職が複数あるところです。

【クラス会議の司会グループ】

司会：司会を行う。台本もあるため，はじめは読むだけでも良い。

黒板：仲間の発言を黒板にまとめる。黒板に書けるとあって人気大。慣れてきたら短い言葉でまとめられるようになる。

補佐：他の係のサポートをする。主に意見の分類を行い，意見の種類に応じたマグネットを貼る（例：…賛成　…付け足し　など）。また，黒板係が聞き漏らした意見を聞きにいったりする。負荷が少なく立候補しやすい。

記録：議事録をまとめ，会の記録となる掲示物を作成する。人前に立つのが苦手な子でもチャレンジできる。

　司会だけだとどうしても人前で話すことが得意な子ども達しか立候補できませんが，板書をする係や，陰でサポートする係，議事録を取る係など，話をしなくてもよい役職が多いので，内向的な子ども達でも立候補することができます。

　もちろん，毎回毎回決定すると時間がかかるので，一度に10回分くらいの司会グループを決定します。「黒板と司会に立候補」のように１人２回まで立候補することができ，じゃんけんで順番を決定していきます。立候補した人には必ず順番が回るようにし，全員やり切ったところで再度立候補を募っていきます。

第2章　ウェルビーイングを高める他者への関心とWE視点　47

立候補も多く，この司会グループ決めはいつも大じゃんけん大会になります。中でも一番人気は補佐係。きっと立候補のハードルが低いのでしょう。なんと26人もの子どもが立候補していました。実際に先ほど登場したカリンさんも，補佐係から始めて，黒板係，最終的には司会というようにだんだんハードルが高い役職に挑戦するようになっていきました。

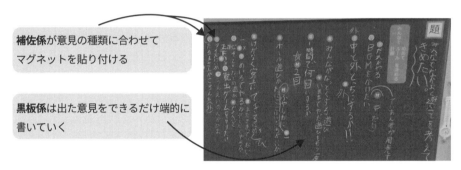

補佐係が意見の種類に合わせてマグネットを貼り付ける

黒板係は出た意見をできるだけ端的に書いていく

↓記録係がまとめた議事録は，司会グループ全員と板書が映った写真とともに壁面に掲示する。

話すことが苦手な子ども達も活躍できる司会グループの役割

　また，学期末のお楽しみ会など，学級で何か取り組むことに決まった際には，レクごとの運営係，司会，遊びと遊びの間の時間をつなぐ係などできるだけ多くの役割をつくり，たくさんの子ども達が会の運営に参画できるようにしています。

5　ウェルビーイングと他者の姿

　卒業を前に，子ども達とともに最後のスピーチ大会をしました。一人ひとりの存在を大切にした一年間でしたから，最後のスピーチも全員で行いました。

その中の一人が，こんな言葉を残してくれました。

> 　私はずっと学校にいくのが嫌いで月曜日になると憂鬱な気持ちになっていました。でも，今はみんなのおかげで学校が大好きです。金曜日になると，土日が憂鬱になってしまうくらいです。みんながいたから，毎日が楽しかったし，なんでも頑張ろうって思えた。それにみんなのおかげで自分に自信をもつことができるようにもなりました。素のままでいられるっていうか…。だから私も，他の人のことを大切でいられる人でいたいって思っています。

　彼女の言葉は，教育振興基本計画にある「人とのつながり，関係性に基づく要素が人々のウェルビーイングにとって重要な意味を有している」という文言[3]を力強く証明しています。大切な他者とともに生きることができるからこそ毎日を楽しく過ごし，毎日に意義を感じることができます。また，大切な他者に受け入れられ，認められるからこそ，自分に価値が見出せるのです。

　子ども達のウェルビーイングには，大切な他者の存在が必要です。

（佐橋　慶彦）

※本章に登場する児童の日記，エピソードは本人，保護者の方の許可の下，プライバシーに配慮して一部内容を変更して掲載しています。

【引用・参考文献】

1）　岡本夏木（2005）『幼児期―子どもは世界をどうつかむか―』岩波書店
2）　A．アドラー，岸見一郎訳（1996）『個人心理学講義―生きることの科学』一光社
3）　文部科学省（2023）「教育振興基本計画（令和5年6月16日閣議決定）」

・国立教育政策研究所（2023）「令和5年度全国学力・学習状況調査」
・岡本夏木（2009）「言語使用の発達と教育：意味の成層化とストーリー化」，発達心理学研究

第20巻，１号，pp.13-19
・守屋慶子，森万岐子，平崎慶明，坂上典子（1972）「児童の自己認識の発達　児童の作文の分析を通して」，教育心理学研究第20巻，４号，pp.205-215
・赤坂真二（2014）『赤坂版「クラス会議」完全マニュアルー人とつながって生きる子どもを育てる』ほんの森出版

第3章

幸せな人生のヒントは, 共同体感覚の育成にあった

3 幸せな人生のヒントは，共同体感覚の育成にあった

教科等横断的な対人技能指導が
子ども達のつながりを保障する

Point
●ウェルビーイング向上のメカニズムについて
●ウェルビーイングと共同体感覚の親和性について
●共同体感覚を育むために効果的な一貫・継続的な取組について

1 「なんちゃってウェルビーイング」からの脱却を！

　近年，学校現場では「子どもの幸せを第一に考えた教育を！」「子どもの
ウェルビーイングを高める教育を！」というような聞こえの良い言葉をよく
聞くようになってきました。それでは，皆さんにお聞きします。

> 　皆さんの教育を受けた子ども達は，将来幸せに生きていけそうでしょ
> うか。そして，何を，どのくらい，どの頻度でやれば子ども達は幸福感
> を得るのでしょうか。

　ここの根本となる部分を，明確な根拠をもって明らかにしないまま，教育
活動を行っていくというのは，子ども達にとって非常に無責任なことではな
いでしょうか。「幸せ」や「幸福感」などの言葉は扱いが難しく，配慮を要
する言葉であると思います。しかし，子どもの未来に関わる教師は，子ども
達の幸福感と向き合っていかなければなりません。そこで，本章では紙幅の
限り子ども達が幸せな人生を歩むために必要な力と，それを育むために効果
的な実践の在り方についてまとめたいと思います。

1 ダイバーシティ化するウェルビーイング

2022年8月に高校生を対象に実施したリクルート進学総研による「高校生価値意識調査」によると、「今の自分は「幸せ」だと思う」という質問に対し、肯定的な回答をした高校生は、過去最高の80.8％であったことが報告されています[1]。結果だけ見てみると「今の日本の高校生は幸福感を得ている子が多い」というような一面的な見方をしてしまいそうになりますが、その理由としては「衣食住に困らない」「戦争がない」「当たり前の生活を不自由なくできている」等、ウクライナ侵攻などの海外情勢と、自らの生活環境とを相対的に比較しているという背景があるとまとめられています。つまり、現代の若者にとって他者との比較や競争的価値観が幸福感を測る物差しになっている可能性が考えられないでしょうか。このように幸福感についての議論や調査は様々なところで活発になってます。

例えば、中央教育審議会では、次期学習指導要領において柱となる「日本型ウェルビーイング」についての議論がなされました。この議論の中で「日本型ウェルビーイング」については、自尊感情や自己効力感の高さなど、欧米流の「獲得的幸福感」だけではなく、日本では人とのつながりや思いやりなど「協調的幸福感」が重要な意味を持つと位置づけられるようになりました（第 I 章（阿部隆幸執筆）参照）。

幸せに対する価値観は、人によって様々であるため「獲得的幸福感」と「協調的幸福感」のどちらが正しいというわけではありませんし、当然、それ以外の考え方も尊重されるべきです。しかしながら、他人との比較や競争の中でしか得られない生き方が習慣になってしまうことは、成長する自分よりも、ネガティブな自分が目立ってしまうため、いつまでも本当の幸福を引き寄せることができないと言われています。

2 ウェルビーイングと共同体感覚は仲良し関係？

他人との比較や、競争の中でもたらされる幸福感を問題視する指摘は、心理学の観点からもなされています。例えば、アドラー心理学では、共同体感

覚を持つことで,精神を健康に保つことができ,幸福に生きることができると考えられています。

　この共同体感覚については,アドラー心理学の中核的概念でありながら,はっきりとした定義がなされていません。アドラー心理学に関心を持つ多くの研究者達が定義を試みていますが,「互いが競争原理ではなく協力原理で結ばれているような感覚」や「自分のことだけを考えるのではなく,他の人にも関心を持っていること」と指摘されたり,短くまとめて「貢献感」「所属感・信頼感」「自己受容」という3つの要素から説明されたりすることもあります。これらのことを踏まえるならば,私たちは**自己と他者への尊敬と信頼,そして,他者への貢献感を持つときに社会との絆を実感し,幸福に生きることができるのでしょう**。それでは,共同体感覚はどのように向上していくのでしょうか。

　成人を対象とした調査になりますが**①交友関係,②パートナー,③家族と良好な人間関係が築けていることによって共同体感覚が高まり,最終的には幸福につながっていくことが報告されています**(図1)[2]。つまり,自分を取り巻く人間関係が良好なものであればあるほど,人は幸福感を感じやすくなるということが言えそうです。

図1　幸福感向上のメカニズム(阿部田ら,2017をもとに)

　それでは,子どもにとって幸福感を感じるときはどのような瞬間なのでしょうか。子どもを対象とした幸福感研究は相対的に少ないものの,深谷

(2015) は，小学校6年生を対象に，「1日のうち，楽しいと思う時間はいつか」という質問調査をしています[3]。その結果，1位が「昼休みの時間 (85.3％)」，2位が「家でテレビを見る時間 (68.6％)」，3位が「体育の時間」「給食の時間 (55.7％)」であったことを報告しています。「算数の時間 (24.6％)」，「家で勉強する時間 (11.9％)」であったことと比較すれば，「自分が成長できる」という成長志向の幸福感よりも「友達と遊ぶ」「自分にとって好きなことをやる」のような享楽志向の幸福感を得る子が相対的に多いとまとめています。また，露口 (2017) は，海外の幸福感研究をレビューした上で，子どもの幸福感を高めるためには，子どもを取り巻く友達，教師，地域住民とのつながりの必要性を指摘しながら「**効果的な学級経営による集団づくりが不可欠である**」とまとめています（図2）[4]。

こうして見ていくと，学級集団の共同体感覚を育成していくことがウェルビーイング向上につながっていくことが見て取れるかと思います。つまり，子どもから大人まで「**健全なつながりは幸せをもたらし，孤立は不幸せをもたらす可能性がある**」ということが当てはまりそうです。だからこそ子ども達が生涯を通じて幸福感を得られるよう，学校教育においては，多様で多数の他者とつながる力を身につけられるようにしていく必要があると考えられます。

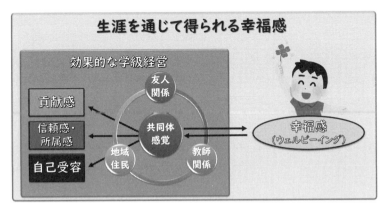

図2　幸福感と共同体感覚の関連性（露口，2017をもとに）

3 共同体感覚を高めるためにできる"4つのアプローチ"

　ここまでお読みの方は，学級づくりにおける共同体感覚育成の必要性や，それを高めていくことによって，子ども達の幸福感向上にもつながっていくということをご理解いただけたかと思います。それでは，共同体感覚を高めるためにはどのような実践が効果的なのでしょうか。いくつかの研究をもとに，その効果が実証されているものを紹介したいと思います（図3）。

図3 共同体感覚向上に効果的な実践

　共同体感覚を育成する際に，効果的なものとして「クラス会議」や「教師による勇気づけ」が挙げられます。どちらもアドラー心理学を構成する大切な概念ですが，「クラス会議」については，第4章（深見太一執筆）・6章（一尾茂疋執筆）で，「教師による勇気づけ」については，第7章（赤坂真二執筆）でその良さをまとめていますので，そちらをお読みいただけたらと思います。本章では，共同体感覚向上につながるソーシャルスキルトレーニング（SST）と協同学習の在り方について解説していきたいと思います。

2　共同体感覚向上を目指した学習デザイン

1　共同体感覚を育むソーシャルスキルトレーニング（SST）

　ソーシャルスキルとは，「対人関係をスムーズにするための知識と具体的な技術」や「人づきあいのコツ」と言われることがあります。いじめ，不登校などの学校不適応を解消し，生きる力を育むために必要とされるのが，子どもの対人関係能力の育成です。そして，この対人関係能力そのものに焦点を当てて開発されたのがソーシャルスキルです。ソーシャルスキルは，昔は，家庭や地域社会での集団の遊びの中で自然と身についたものですが，現代では少子化・核家族化・家庭地域の教育力の低下などの理由から身につけることが難しくなってきたと言われています。そこで，近年は「学校という集団生活を基本とする場でソーシャルスキルを身につけさせていくのがより効果的ではないか」という考えから，学級を単位とするソーシャルスキル教育の重要性が強調されているのです。

　SST を実施する際には，図4 に示した手順で行われることが多くあります[5] ので，ここからは以下の手順に沿って実践例を紹介していきたいと思います。

STEP1：教示（Instruction）
・これからどのようなスキルを学ぶのか，なぜそのスキルが必要なのかを伝える

STEP2：モデリング（Modeling）
・スキルのお手本を見せる

STEP3：練習（Rehearsal）
・イメージや行動で繰り返し練習をしてみる

STEP4：承認・修正・評価・強化（Feedback）
・教示，演示，練習で実行したことが適切なら承認し，不適切なら修正する

STEP5：定着化（Homework）
・日常場面で使われるように促す

図4　SST の実施手順（國分．1999をもとに）

第3章　幸せな人生のヒントは，共同体感覚の育成にあった　57

活動名　NASA ゲーム

　NASA ゲームとは，宇宙船の故障で不時着してしまった宇宙飛行士が，持っていたアイテムを駆使して月面に待っている母船を目指すという設定です（図5）。15のアイテムの中から必要なものを精選するために，チームのメンバーと話し合って合意形成を行うゲームです。実践する際には，大型テレビやスクリーンに問題を表示しながら進めていくとよいでしょう。

> あなたは宇宙船に乗って月面に着陸しようとしている宇宙飛行士です。
>
> しかし，機械のトラブルにより，待機している母船から約200km離れた所に不時着してしまいました。
>
> 不時着時の衝撃で，宇宙船は重いと飛べない状態になってしまいました。
>
> そこで15のアイテムの中から重要度の高い5個のアイテムを選び，重量を軽くして，母船を目指すことにします。
>
> 母船に無事にたどり着くために5個のアイテムを選びましょう！

図5　NASA ゲームの問題文

　まずはじめに，個人で図6に示した15のアイテムに対して，生存に必要であると思われる順番に並び替えます。その後，グループで話合いを行い，優先順位を決定します。中学生や高校生ぐらいになると時間内に15のアイテムを順位づけることは可能ですが，小学生であれば，重要度の高い5個のアイテムを選ぶようにするなど簡略して実施するとよいでしょう。また，この活動のおもしろい点としては NASA による模範解答があるということです。グループで話し合い，最後に NASA から出ている回答を示すようにします。

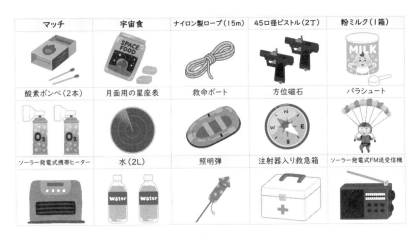

図6　15のアイテム

STEP1：教示（Instruction）

　STEP1では，「これからどのような活動を行い，どのようなスキルを学ぶのか」，「なぜそのスキルが必要なのか」などの見通しを持てるようにします。また，SSTは「快・感動の経験」が大切であると言われています。つまり，「みんなで協力して良かった」「みんなで話し合って結論を出すことが楽しかった」のような経験を積み重ねていくこと大切です。そこで，このようなゲーム要素を取り入れて実践することで「快・感動の経験」を増やせるようにしていきます。

STEP2：モデリング（Modeling）

　STEP2では，教師や代表の子ども達によるモデル（手本）を通して，スキルを学べるようにします。これはモデリングと呼ばれているものになります。特に低学年の子ども達には，悪いスキルと良いスキルの２種類のスキルを見せて比較すると具体的に違いがわかり，学習しているスキルのポイントが把握しやすくなります。

　また，図7のようなターゲットとなるスキルを提示し，活動のたびに確認

できるようにすることも効果的です[6]。中学年や高学年の子ども達であれば，図7のターゲットスキルを示した後に「今日の活動では何番のスキルを意識しますか」と問い，意識するスキルを自己選択できるようにするのもよいでしょう。

かかわり方のターゲットスキル

① みんなが話せるようにしよう
② 友達の話を最後まで聞こう
③ あいづちをうちながら聞こう
④ 友達の話をわかろうとしよう
⑤ 時間いっぱい話そう
⑥ 相手を傷つけない言い方をしよう

図7　ターゲットスキル（赤坂・水流，2024をもとに）

STEP 3 ：練習（Rehearsal）

　STEP 3 では，実際に NASA ゲームを行います。まずは，自分の意見が持てるように個人思考の時間を設け，図6で示した15のアイテムの中から5つ選びます。その後は，生活班などのグループに分かれて話し合い，全員で結論をまとめるという流れになります。グループごとにホワイトボードを活用したり，スプレッドシートにまとめたりするとよいでしょう。そして，このグループで関わる場面において STEP 2 で確認したターゲットスキルを発揮できるようにしていくことがポイントになります。つまり，STEP 3 では，子ども達がモデリングを通して学習したスキルを，具体的な場面を想定して実際にやってみる場になるのです。

　ゲームの中で実際にスキルを発揮することは「リハーサル」と呼ばれています。子ども達は，ソーシャルスキルの大切さはわかっているものの，実際にやってみるとなかなか思ったようにできないものです。「STEP 4 ：承認・修正・評価・強化（Feedback）」とも関わりますが，教師は子ども達の活動の様子を見て回り，適切な行動が見られたらフィードバックし，承認していきます。

STEP 4 : 承認・修正・評価・強化（Feedback）

　グループで話し合った後，最後に NASA から出されている回答を示します。一度に回答を示すのではなく，一つひとつ間を取りながら発表していくことによってクラスは盛り上がるでしょう。これはゲーム要素を取り入れた SST だからこそ得られる「快・感動の経験」です。第 2 章（佐橋慶彦執筆）で述べられていた共有体験と近い感覚かもしれません。ちなみに NASA から出されている回答 TOP 5 は①酸素ボンベ（2 本），②水（2 L），③月面用の星座表，④宇宙食，⑤ソーラー発電式 FM 受信機です。それ以外の順位や理由については引用を載せておきますので，そちらをご確認ください[7]。

　そして，忘れてはいけないのが STEP 4 の教師によるフィードバックです。ここを怠ってしまうと「活動あって学びなし」になりかねません。「今，○○さんがやっていた相手の目をしっかりと見て，うなずきながら聞く姿がとても良かったよ」「リアクションしてくれると話す側は嬉しいよね」のように，モデリングで示したターゲットスキルを発揮した子を具体的に価値づけていくようにします。また，「声が小さい」など改善点を指摘するだけでなく，「もう少し声を大きくすると友達が聞き取りやすいよね」のような意欲が向上するような言い方で伝えることが大切です。つまり，教師によるフィードバックそのものがスキルの強化につながるのです。

STEP 5 : 定着化（Homework）

　学習したソーシャルスキルは，日常生活や学習場面で使われることで定着します。この後述べる協同学習においても説明を加えますが，学習したスキルを意図的に使う場面を設定するようにします。また，スキルを定着させる上で，学級遊びや休み時間に意識できるよう声かけしていくことも大切です。さらに，スキルが発揮された様子やその成長を学級通信等で発信していくことによって，保護者と教育についての価値観を共有し，家庭でもソーシャルスキルを発揮する場面に活用してもらえるようにします。

第 3 章　幸せな人生のヒントは，共同体感覚の育成にあった　61

2 共同体感覚を育む協同学習

　ここからは協同学習について解説していきたいと思います。協同学習を行うことによって共同体感覚が向上したという実証研究は見当たらないものの，アドラー心理学と協同学習の考え方は非常に似通っていることが指摘されています。例えば，SSTを継続的に実施すると，子ども達のコミュニケーションが活性化してくるため，協同学習場面では「それで，それで？」「どういうこと？」のようなコミュニケーションが増えるようになります。つまり，**SSTで身につけた対人技能や社会的スキルが，協同学習においても発揮されることで子ども達の「関係の質」が高まり，それが「学力向上」という「結果の質」も高めていく**という仕組みになっているのです。

　協同学習では，授業で用いることのできる様々な実践的技法やテクニックを開発されています。具体的なフォーマットを以下に示しますので，ご自身の実践に生かしてもらえたらと思います。

①協同学習のフォーマット

---

　①学習の導入後，本時の問いを確認する。

　②問いについて，まず一人で考える。

　③グループで共有する。場合によっては集約して結論を出す。

　④グループの代表者が発表して全体で共有する。

　⑤出された意見を検討する（質問や反対意見を出す）。

　⑥自分の考えを見直す（振り返る）。

　学級の実態や教科の内容にもよりますが，基本的には上記の流れで3〜4人のグループで行います。協同学習は，話合い活動をいかに充実させていくかが成功の鍵になります。ここで大切にしたいのは，グループの話合いの着地点をどこにもっていくかという点です。課題に対する考えをグループで一つに集約するのか，ランキング形式にして説明を求めるのか，共有後に自分

の考えを修正して終えるのかなどのゴール像を最初に伝えておきます。

②協同学習の実践例

　ここからは３年生で学ぶことになる「割り算」の指導例について説明していきます。教室には「計算は得意だけど説明は苦手」とつぶやく子は少なくありません。そこで，この授業では，協同学習でいうところの「お話テープレコーダー」という技法を取り入れた実践を行いました。また，友達と関わる際には，図７で示したターゲットスキルを意識するようにすることでスキルの定着化を図れるようにします。

〈主な授業の流れ〉

　①問題を確認します。

　②既習事項と比較します。

　③個人解決の時間を取り，全員が自分の考えを持てるようにします。

　④ペアになって話し手と聞き手の順番を決めます。

　⑤話し手が自分の考えを説明し，聞き手は聞いた説明をそのまま繰り返して確認します。

　⑥役割を交代して，隣同士や前後で同じ説明を繰り返します。

　⑦全体で共有します。

〈授業展開モデル〉

教　師：今日の問題を書きます（黒板に板書する）。

30人の子どもたちが，長イスに４人ずつすわっていきます。
長イスは何きゃくひつようで，何人あまりますか。

子ども：簡単にできそうだよ。

子ども：割算になりそうです。

教　師：皆さん，さすがですね。式はどのようになりそうですか。

第３章　幸せな人生のヒントは，共同体感覚の育成にあった　63

子ども：30÷4です。

子ども：でも，4の段に30はないよ。

子ども：あまりが出るんじゃないかな。

教　師：勘の鋭い人がいますね。それでは今日の授業では「30÷4の計算の
　　　　説明の仕方を考え，全員が説明できるようになる」を目指しましょ
　　　　う。まずは一人で考えてみましょう。

※図を使って考える子や，28と2に分けて考える子がいるでしょう。個人思
　考の時間は10分程度取りますが，考えを書き終わった子から説明できるよ
　うに練習することも良しとします。

教　師：それでは，これから自分の考えをペアで伝え合います。

※ここで協同学習「お話テープレコーダー」の技法を活用します。

教　師：まずはじめに，最初に説明する人，つまり話し手を決めます。話し
　　　　手は隣の人，つまり聞き手の人に自分の考えを説明します。次に聞
　　　　き手の人は，聞いた説明をそのまま繰り返して確認します。そして，
　　　　役割を交代してください。

　　　　話し手の人は，もしもうまく説明できなかったりわからなくなった
　　　　りしても話せるところまで話してみましょう。聞き手の人は，SST
　　　　で学んだ相手が嬉しくなる聞き方を意識してくださいね。

※ここで，図7で示したターゲットスキルを示し，説明の際に意識できるよ
　うにします。

子ども：4の段に30はないから，30に一番近い数として「4×7＝28」があ
　　　　ります。30から28を引いて2になります。だから答えは7になって，
　　　　2人余ることになります。

子ども：長イスが7脚だと，2人あまってしまうので，全部で8脚必要です。

教　師：次は後ろの人，斜め後ろの人の順番で交流します。説明していると
　　　　きに「あれ？」ってなったことや「この人の説明のここが良かっ
　　　　た」と思うことがあればどんどん取り入れてください。また，ター
　　　　ゲットスキルも意識できるとよいですね。

③実践のポイント

「友達のまねをする」という活動を組み込むことによって「説明をする」というハードルを下げることができます。また，本章では算数の授業を例にしましたが，教師として大切にしなければならないのは，これらの技法やテクニックを参考に，目の前にいる子ども達の様子や学習課題を加味して展開していくことです。これはどの教科にも当てはまることですが，授業の技法やテクニックはあくまで「道具」です。「道具」を持っていて，目の前の子ども達の実態があり，「この子達ならこの道具が合いそうだ」という発想が大切です。「この道具がおもしろそうだから」「あの有名な先生が実践していたから」という発想では，子ども達の実態やニーズから乖離した授業になりかねません。

3 SST と協同学習でバッテリーを組む

学校教育の根幹としての大きな役割を担っており，学校生活の大半を占めるものが「授業」です。当然ですが，授業の目標やめあて，ねらいを達成したかどうか吟味することはもちろん大切です。が，そこでとどまることなく，その達成までの過程に子ども達がどのようにつながり，関わっていたかということも視野に入れて構想し，評価していくことが必要です。だからこそ「学校教育において最も多くの時間を費やす授業においてこそ共同体感覚が育つ場とならなければならない」と指摘されているのです（古庄，2011）[8]。このようなとき，本章で提案した「SST」と「協同学習」でバッテリーを組んで実施し，授業場面でも生活場面でも一貫したメッセージを子ども達に伝え続けることが効果的です。

例えば，SST を通して対人技能や社会的スキルを学べるようにします。そして，その学びを SST の時間だけでとどめるのではなく，教科場面（協同学習）においても発揮できるようにしていくというイメージです。SST において，学んだスキルが，協同学習における関わりの中で発揮されたときに「今の SST でも学んだことだよね」「学びをつなげる姿が素敵です」のよう

第3章　幸せな人生のヒントは，共同体感覚の育成にあった　65

に意図的にフィードバックし，学習とのつながりを見出せるようにします。

　また，協同学習でも対人技能や社会的スキルを学べることが研究で実証されているので，協同学習において学んだ対人技能や社会的スキルをSSTでも活かせるようにしていきます。例えば，協同学習での学びがSSTでも活かされていたら「この間のグループでの話合い活動で学んでいたことをSSTでも活かしている人がたくさんいて嬉しくなりました」のようにフィードバックします。このように，対人技能や社会的スキルを往還構造で育んでいくイメージで授業を行うようにすると自身の取組に一貫性が生まれます。そして，コミュニケーションの機会を数多く設けることで，対人技能や社会的スキルを発揮する量と質を担保していくのです。

3 「共同体感覚」は「幸せ」に向かうための「やる気スイッチ」

　第2章（佐橋慶彦執筆）で述べられていたこととも重なりますが，共同体感覚が育つと，自分の居場所をよりしっかりと認識できるようになります。そして，より多くの人とつながると，その行動は独りよがりのものから人々への貢献の方向に促されるため，適切な行動になっていきます。他者への適切な行動によって，相手から感謝され自分の存在を受け入れることができます。こうして幸せのサイクルが機能していくのです。だからこそ，共同体感覚は「心の正常さと幸福のバロメーター」と言われることがあるのでしょう。つまり，他者への関心（共同体感覚）は，自らの幸せを見つけようとする意欲を喚起するスイッチとしての機能を果たしてくれるのです。

　「学校が，教師が，子どもたちの幸せに向き合わず，学業成績など，目先の成果にその関心を向けていたとしたら，子どもが学校を見限る日が来てもおかしくない」と指摘される教育界（赤坂，2016）[9]。これは裏を返せば，今の学校教育は，学力向上や学習指導といった方法論にばかりに目が向きがちであり，本当に必要な資質・能力に目が向いていないという実態があるわけです。だからこそ今，教室実践レベルで子どもの幸せとは何かということ

を本気で考えていく時代がきているのではないでしょうか。　　（水流　卓哉）

【引用・参考文献】

1）　リクルート進学総研（2022）「【高校生価値意識調査2022】今の自分は「幸せ」が過去最高の80.8％」リクルート
2）　阿部田恭子，柄本健太郎，向後千春（2017）「ライフタスクの満足度と重要度および共同体感覚が幸福感に及ぼす影響」日本心理学会第81回大会
3）　深谷昌志（2015）「子どもの中の幸福感と未来像」児童心理，3月号，pp.2-50
4）　露口健司（2017）「学校におけるソーシャル・キャピタルと主観的幸福感：「つながり」は子どもと保護者を幸せにできるのか？」愛媛大学教育学部紀要，第64巻，pp.171-198
5）　國分康孝（1999）『ソーシャルスキル教育で子どもが変わる　小学校一楽しく身につく学級生活の基礎・基本』図書文化社
6）　赤坂真二，水流卓哉（2024）『シェアド・リーダーシップで学級経営改革』明治図書
7）　チームビルディング大百科（2021）「コンセンサスゲーム「NASA ゲーム」とは？【解答つき】」https://teambuilding.patia-kitchen.jp/column/211/
8）　古庄高（2011）『アドラー心理学による教育一子どもを勇気づけるポジティブ・ディシプリン』ナカニシヤ出版
9）　赤坂真二（2016）『スペシャリスト直伝！成功する自治的集団を育てる学級づくりの極意』明治図書

・佐野領（教育新聞編集委員），秦さわみ（教育新聞記者）（2022）「GIGA スクールウェルビーイング個別最適な学び教育振興基本計画週間ヘッドラインシェア」教育新聞
・赤坂真二（2016）『赤坂版「クラス会議」バージョンアップガイド一みんなの思いがクラスをつくる！』ほんの森出版
・会沢信彦，岩井俊憲（2014）『今日から始める学級担任のためのアドラー心理学』図書文化社
・高坂康雅（2014）「小学生版共同体感覚尺度の作成」心理学研究，84，pp.596-604
・茨城県教育研センター（2014）「平成26・27年　教育相談に関する研究　別冊資料」pp.1-114
・石丸秀樹，池田誠喜（2017）「共同体感覚と生活充実感の関連」鳴門生徒指導研究，第27号，pp.29-39
・古庄高，関田一彦，会沢信彦（2014）「アドラー心理学と協同学習」協同と教育，第5号，pp.44-114
・寺島元子（2019）「学級経営を核としたカリキュラム・マネジメント〜ステーション授業構想による集団づくり〜」授業づくりネットワーク，12月号，学事出版，pp.54-59

・杉江修治（2011）『協同学習入門―基本の理解と51の工夫』ナカニシヤ出版
・諸富祥彦（2011）『学級づくりと授業に生かすカウンセリング』ぎょうせい

第4章

集団の意思疎通システムとしてのクラス会議
クラス会議を学級に用いるとなぜウェルビーイングが高まるのか

4 集団の意思疎通システムとしてのクラス会議
クラス会議を学級に用いるとなぜウェルビーイングが高まるのか

人に話を聞いてもらうことで
幸福感の高い子どもと先生をつくる

Point
- ●クラス会議が持つ力とは
- ●先生達のウェルビーイングを高めるためにもクラス会議を

1 クラス会議が持つ場の力

　クラス会議を10年近く小学校の学級経営の柱として実践してきました。現在もお寺を使ったフリースクール「てらこやさん」でも毎日行なっています。それだけでなく，学校や企業における研修やクラス会議を学びたい方への「クラス会議ゼミ」を通じて何度もクラス会議を行なっています。参加された方の表情を見ていると一様に皆さん笑顔になっています。これにはきっと理由があると思い，なぜ笑顔になるのか理由を聞いてみました。

○人に悩みを聞いてもらう機会がないから
○悩んでいるのは自分だけでないとわかったから
○共感してもらえることで安心したから
○目の前にいる人に関心を持つことができたから
○自分が考えた解決策が採用されて人の役に立てた気がしたから

　そう考えると，教室の中でも職員室でも自分の悩みを語り，それについてみんなが考えてくれる時間というのはあまりないのです。授業の時間はもちろんのこと，休み時間や朝の会・帰りの会でもよほどの大問題でもない限り，自分の悩みを吐露する時間も場所もないというのが実態です。保健室やカウ

ンセラーの方もいますが，日常生活を送っている中で，相談を聞いてもらおうとするのは相当ハードルが高いことなのです。わが子に聞いてみても，高学年男子が用もなく保健室に行くのは難しいと言っていました。つまり，話を聞いてもらうことが圧倒的に足りていないのです。

1 整理整頓ができない先生

　クラス会議ゼミの中で「教室の整理整頓ができない」という悩みを抱えている先生がいました。詳しく話を深掘りしてみると，丸つけしたテストを返そうと思っても，休んだ子がいたら返却することができずに溜まってしまっているという理由でした。なんだそんなことかと思うかもしれませんが，その先生にとっては大きな問題です。教室に行く度に整理整頓ができていない自分を責め落ち込んでいるとしたら，子ども達に与える影響も多大です。けれどもこの悩みを，わざわざ忙しそうな先生達の手を止めて職員室で相談するわけにもいきません。想像してみてください。

　A：「先生ちょっといいですか？」
　B：「どうかしましたか？」
　A：「教室の整理整頓ができないんです」
　B：「いやいや，自分でなんとかしてくださいよ（笑）」

　こうなってしまうのは目に見えています。職員室では，日々喫緊の課題が山積みになっており，教室の整理整頓という悩みは後回しになってしまいがちです。けれども，こういった小さな課題こそ，早めに解決していくことでメンタルヘルスの向上や，働き方改革につながっていくのです。

2 妹がちょっかいをかけてくる女の子

　家で遊んでいると妹がいつもちょっかいをかけてきて嫌だという女の子がいました。一人で遊びたいのに，邪魔をしてくるという悩みをみんなに相談しました。最初は，妹の嫌なところをたくさん吐き出していましたが，徐々にトーンダウン。途中で，クラスの仲間から「妹がいていいな」という声や

第4章　集団の意思疎通システムとしてのクラス会議　71

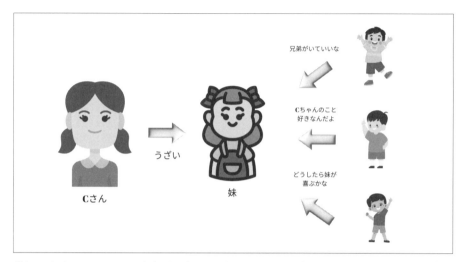

「妹はCちゃんのこと大好きだからだよ」という意見が出てきて，少しずつ問題に対する見え方が変わっていったのです。この経験がとても尊いのです。一人で考えていると，どうしても一方的なものの見方になってしまいますが，たくさんの人のフィルターを通すことで，見え方が180度違うものになっていきます。この繰り返しによって，柔軟なものの考え方を手に入れることができるのです。

2 集団の意思疎通システムとしてのクラス会議

　集団の意思疎通システムとは，複数の個体やエージェントが情報を共有し，意見を交換し，意思決定を行うための仕組みやプロセスを指します。簡単に言えば，お互いに意見を交換し，クラスとしてどちらに向いて動いていくのかを決定する仕組みやプロセスのことです。なぜクラス会議が，集団の意思疎通システムとして，よく機能するのでしょう。それは，集団の前に個があるという考え方があるからです。集団で意思決定をする際，つい数の論理が働き，十分な議論がされないまま多数決で決めてしまうことがあります。声の大きな人の意見が優遇され，小さな声はかき消されます。けれどもクラス

会議を用いると，小さな声をかき消すことなく意思決定を行うことができます。以下に理由を記します。

1　個に徹底して寄り添う

　クラス会議が通常の話合いと違うところは，個人的な悩みを取り上げられるところです。一人の困りごとに，クラス全員で寄り添って解決策を出していきます。これが繰り返されると，一人ひとりに対する優しさが生まれていきます。自分が困っているときに助けてくれたという経験が積み重なり，今度は自分が助けてあげる番になろうとするからです。個に徹底して寄り添うことができるために，一人ひとりが大切にされているという気持ちを持つことにつながるのです。

2　安心・安全な場

　通常の話合いでうまくいかないポイントは，みんなが下を向いて意見を言わないということではないでしょうか。

○どうせ何を言っても変わらない
○早く話合いが終わってほしい
○間違った意見を出したら恥ずかしい

　話合いで意見を言わず下を向いている理由の主なものを挙げました。立ち上げ期の学級や組織によく見られる光景であり，ずっとこのままの状態の話合いもあります。ではどうしたらこの事態を防げるのでしょうか。それは，ここで何を言っても大丈夫だと感じられる心理的安全性があるかないかではないでしょうか。心理的安全性についての詳細は赤坂（2024）を参考にしていただけると幸いです[1]。

　間違ったことを言っても責められない。みんなの安心・安全が守られていると感じられたときに，人は初めて前向きに話合いに参加しようと思えるの

第4章　集団の意思疎通システムとしてのクラス会議　73

です。

③ クラスとしての意思決定

　クラス全体のルールを決めるときや出し物を決めるときなどにクラス会議を用いることができます。この際にも最終的には，多数決で決めていきますが，多数決をする前に，出た意見の中で心配なものはないかを話し合います。つまり，みんながいいね！と思っている意見であっても，一部の少数の子にとっては心配なこともあるのです。

　例えば，6年生を送る会でクラスの劇をやろう！と盛り上がったとします。元気な子や人前に出るのが平気な子にとっては，楽しみなイベントになりますが，目立つことが嫌な子ももちろんいます。通常の話合いだと，この嫌な子の意見はかき消されることがよくあります。十分に意見を吟味せずに多数決をすることで，空気を読むことが優先され，嫌だと思っている子の気持ちは無視された状態で，決まっていってしまうのです。

　クラス会議形式で話合いを行うことで，個に寄り添った上で話合いを行えるので，普段から目立つのが嫌だということをみんなが知っています。それだけでなく，話合いの最中に心配なことはないですか？と司会が聞いてくれるので「人前に出ることは苦手です」と意見を言うことができます。このワンアクションがあるかどうかで，少数の意見ではあるが，大切にしたい子の気持ちにも寄り添うことができるのです。結果的に劇をやると決まったとしても，人前に出るのが嫌な子のためにピアノを弾く役や，事前に動画を撮影する役を設けるなど配慮することができます。このワンアクションがあることで，全ての子が気持ち良く教室の中で過ごすことができるようになっていくのです。

4 職員会議は機能していますか？

　集団の意思疎通システムという意味では，先生方が行う職員会議は機能しているでしょうか？試しに，仲の良い先生方にヒアリングをしたところ，すでに決まっていることの報告会になっている。ひどい先生は寝ている人もいる。若手は意見を言いにくい雰囲気がある。少し思ったことを発言すると揉め事になったり炎上したりする。と散々な回答が返ってきました。子ども達に対話を求めている先生方の会議がこれでいいとは決して思えません。

　なぜこんなことになってしまうのでしょうか？それは会議の仕方を学んでいないからです。会議の場が集団の意思疎通システムの場ではなく，報告や決定事項を知らされる場になっている。これが一番の課題ではないでしょうか。どこから手をつけるか，クラス会議形式の話合いスタイルを一部でいいので取り入れてみてください。ハッピーサンキューナイスから始めてポジティブな雰囲気をつくる。トーキングスティックを用いて，全員発言を促す。誰か特定の人だけがずっと話していないようにする。全てをクラス会議形式にするのは難しくても，学年会を変えていったり，雰囲気づくりをしてみるなどやれる方法はいくらでもあります。まずは停滞している職員会議を「これではまずいよね」という声が上がるようにしていけるといいですね。

3 ウェルビーイングとクラス会議

1 ハッピーサンキューナイス

　クラス会議のプログラムにハッピーサンキューナイスというものがあります。これは毎日の生活の中にあったハッピー（嬉しい），サンキュー（感謝），ナイス（いいね）と感じたことを全員が発表していくものになります。毎回クラス会議の最初に行うのですが，これを続けていくと明らかに幸せのハードルが下がります。ちょっとしたことが実は幸せにつながっているからです。

第4章　集団の意思疎通システムとしてのクラス会議　75

> 〇給食で唐揚げが出て嬉しかったです
> 〇Dくんが算数の解き方を教えてくれました
> 〇Eさんが掃除の時間に一年生を助けていていいなと思いました

　こんなことを毎回シェアしていきます。これを続けていくと、自分の毎日の生活の中に幸せを見つける力が強化されていきます。

　心理学の概念で、ネガティビティバイアスというものがあります。人はネガティブな情報や出来事に引っ張られやすく、ポジティブな情報や出来事よりも記憶に残りやすいというものです。毎日触れているショッキングなニュースや、学校生活の中でもネガティブな体験が残りやすくなります。これを防ぐ方法として、毎日のハッピーサンキューナイスを行います。学校の中でポジティブな出来事を見つけてシェアすることで、ポジティブを意識して過ごすことができるのです。これを習慣づけていくことで、明らかに子ども達の笑顔が増えます。まずはポジティブに注目しようと脳が変わっていくからです。

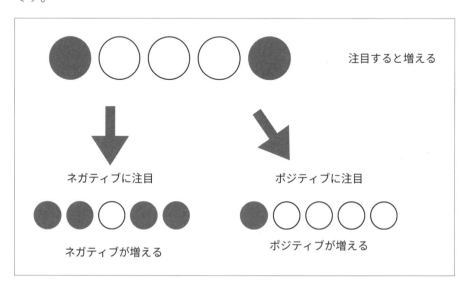

2 輪になって座る

通常のスクール形式（全員が前を向く座り方）と輪になって座るのとではどんな違いが生まれるでしょうか？スクール形式だと，一番後ろから見えるのはクラスメイトの背中と後頭部だけです。友達がどんな表情なのか，どんな服装なのかを見ることはできません。輪になって座ると，クラスのみんながどんな顔で過ごしているかを知ることで，気持ちを知ることができます。服装も見れますし，髪型の変化などに気づくこともできます。他人への興味が格段に増します。他人のことを知ることが思いやりのスタートになるのです。

「友達を思いやろう」そんな標語やスローガンが貼ってある教室を見かけることがあります。けれども言葉として飾ってあれば思いやりが育まれるのではなく，実践して初めて思いやりは育っていくのです。実践のスタートとなるのが，他者への興味を持つことなのです。

3 トーキングスティック（全員参加の話合い）

ぬいぐるみを一つ準備します。これを輪番（全員に回すこと）で持つことで，話合いに対し全員が参加できる状態を目指すのです。通常の授業だと手を挙げた子が発言をします。学習意欲や能力の高い子だけが参加をして，学ぶのが苦手な子，集中力が低い子は一日何も発言せずに帰るなんてこともあるかもしれません。学校には行っているけども，誰ともつながらずに帰っている。こんなことを繰り返していることで，学校に行っても楽しくない！そんな子を増やしているかもしれません。

クラス会議は全員参加を基本とします。決して強制ではなく，話したくない場合には「パスします」という拒否する権利も認めます。よくある全員発言を目指す！といった謎の圧力も生まれません。「パスをする」という権利も認めているのです。これがまさに社会に参画しているということではないでしょうか。中には，落ち着いて座っていられない子もいます。そういう場合にも，「座ってなくてもいいよ。聞こえるところにいてくれればいいよ」と声をかけます。一見すると，参加していないように見えますが，耳ではき

第4章 集団の意思疎通システムとしてのクラス会議 77

ちんと話を聞いて参加してくれているのです。

4 議題の提案と解決

　自分の今直面している問題をみんなに打ち明けます。議題として提案するのは個人的な悩みでも，クラスの抱えている問題でも OK です。自分の困っていることを打ち明けることで，一人では処理しきれない問題を，みんなで解決していこうとすることができます。これがまさにレジリエンス力を高めるのです。

　例えば，宿題をやりたくないという悩みを持っていたとします。それをみんなに打ち明けます。すると，「私もやりたくない！」「俺もいつも母さんに叱られる！」といった声が上がります。その時点で，相談者はかなり救われます。自分一人で悩んでいると，とても孤独で，自分だけが適応できていないのではと，どんどん暗く落ち込んでいきます。けれども，悩みを打ち明けて，私達も一緒だよという声を聞くだけで，ずいぶん助けられるのです。それだけでなく，悩んでいることに対する解決方法をクラスの人数分知ることができます。

＜「宿題をやりたくない」に対する解決策＞
○帰ってすぐにやる
○ゲームをご褒美にしてやる
○１ページやったらアイスを食べる
○思い切ってやらない
○先生に量を減らすよう交渉してみる
○タイマーをかける

　これらの方法を手に入れられることが何よりの収穫になります。一つずつ自分に合う方法を試していけばよいのです。それだけでなく，みんなの前でこの方法を試します！と宣言することで，やらざるを得なくなります。人に

言われてやるのではなく，自分で決めて動き出す自己決定がそこにはあるのです。

　相談者以外にも，実は宿題をやりたくないと思っていた子にもメリットがあります。自分が今までやっていた方法以外を知ることができるのです。それを試すことで，心理的ハードルが少なくなっていくのです。解決策を出した子にとっても，相談者が笑顔になることでアイデアを出せて良かったという他者貢献感が高まります。

4　投票率の低下を考える

1　投票率向上にクラス会議が寄与する

　52.05%。この数字は2022年7月に行われた第26回参議院議員通常選挙の投票率です。投票権のある中で半分の人しか選挙に行っていないという事実があります。これは，小中高の生活の中で自分達のことは自分達で決めるという経験がないことが大きく起因していると考えられます。実際に選挙の後に，私が講義を担当している大学生に話を聞いたところ，選挙に行っていない子が半数以上を占めており，理由を聞くと「自分が行っても何も変わらないと思う」「どこに投票したらよいのかわからない」とのことでした。ここにもクラス会議が直接寄与できると考えています。

2　沖縄県でのクラス会議

　沖縄県宮古島市立平良第一小学校では5年間，学校ぐるみで全学級クラス会議に取り組んできました。学校のルールを自分達で決めたり，児童会役員選挙にはとても多くの子が立候補していました。あまりの多さに驚き，当時の校長先生に質問をしたところ，「自分達のことは自分達で決める！と考えている児童が多いからでしょうね」とおっしゃっていました。これはクラス会議の大きな成果だと考えられます。きっとここの学校の卒業生は，選挙にもまちづくりにも参画していくと考えられます。同じく沖縄県の北谷町では，

第4章　集団の意思疎通システムとしてのクラス会議　79

2024年の4月から町内の全学校でクラス会議に取り組んでいくことを決定しました。今まで学力向上を掲げていたところから自己肯定感の育成に大きく舵を切ったのです。

③ 学力ではない大切なもの

　勉強ができるできないではなく，人として大切にしたいものは何でしょうか。毎日不登校の子たちとてらこやさんで接していると，本当に心穏やかに過ごし，人に優しく接する子ばかりでこちらの心も癒されます。中には自傷行為や反復行動に悩んでいた子が，てらこやさんに来るようになってから改善することができました。本人に聞くと，てらこやさんが自分の居場所になっていると答えていました。てらこやさんの中でも毎日ハッピーサンキューナイスに取り組んでいます。自分の感情に注目すること。その日一日の良かったことを見つけて，みんなにシェアすることで，確実に表情が明るくなっていっています。これもクラス会議がもたらす大きな成果ではないでしょうか。

5　共同体感覚をクラス会議で育む

① 共同体感覚が高い教室

　3章（水流卓哉執筆）で共同体感覚について理論が説明されています。もっと抽象的に共同体感覚について表現すると，「みんな一つであるという感覚」ではないでしょうか。

　元々別なものであるAさんとBさんは，嫌なことがあったり腹が立ったりすると「ムカつく」とか「嫌だ」という言葉を口にします。

　「ムカつく」と言われたBさんは傷つきます。ここで共同体感覚が高まっていると，一人ひとりは別だけれど，大きな塊であるという気持ちを持ちます。次ページの図のように，大きなスライムの中にみんないるという感覚です。そうなると，Aさんが腹が立ったときに「ムカつく」と言ってしまうと，

80

自分も同じ言葉で傷つくということになります。Bさんに向けて言った言葉が，Aさん自身にもくらってしまいます。となると，口にする前に一旦止まってみようということになります。

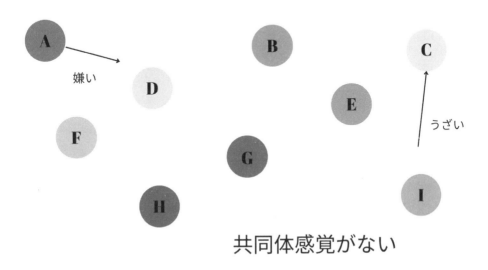

共同体感覚がない

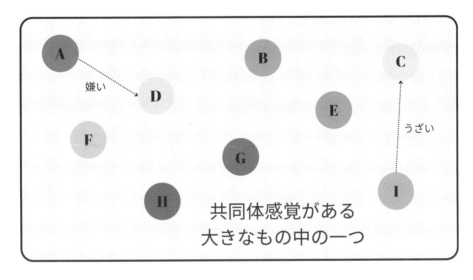

共同体感覚がある
大きなもの中の一つ

第4章　集団の意思疎通システムとしてのクラス会議　81

2 クラス会議の研修で

　日本中の学校でクラス会議の研修を行うと，終わった後に皆さん笑顔になって研修室を出ていかれます。お互いのことをちょっとだけ好きになりましたか？と尋ねるとほとんどの方が「はい」と手を挙げてくださいます。このお互いのことを好きなる感覚がまさに共同体感覚になります。時間にして，15〜30分程度，クラス会議を1・2回行っただけで共同体感覚が高まるのであれば，これを毎週教室で行う効果がどれだけ高いかがわかると思います。お互いのことを少しだけ好きな状態。これもまさにウェルビーイングな状態と言えるのではないでしょうか。

3 先生達の共同体感覚を高める

○働き方改革が進み夕方の雑談も極端に減っている

○大規模校では年度の終わりになっても一度も話をしたことがない先生もいる

○行事が少なくなり，保護者とも関わりが希薄になっている

○パワハラ，セクハラに気をつけるあまり積極的に若手に関わらなくなった

○コロナ禍以降職員の飲み会が少なくなった

　これらはここ数年の間に著しく進んだ職員室の変化と言えるでしょう。もちろん早く帰れることや行事の精選により，より授業に注力できることは望ましい変化です。けれどもそこに目が行き過ぎるあまり，今まで当たり前に行われていた職員同士の交流や，若手の先生が困っていたら手を差し伸べる文化まで衰退してしまっているのではないでしょうか。とはいえ，飲み会を復活させよう！とか，夕方お茶を飲みながら雑談をしよう！というのはナンセンスです。業務の中で，お互いの困り感を吐き出し，それを助け合える時間を設ける。そのためにも先生達のクラス会議がとても有効です。「実はこ

んなことで困っていて」と気軽に言い合えることが重要ですが，普段の忙しい職員室の中では，なかなか実現が難しそうです。特に若手の先生からすると，主任の先生や管理職の先生も忙しそうに動き回っている。自分のクラスの対応でいっぱいいっぱいであるときに，少しぐらいわからないことがあってもそのままにしてしまうというのはしようがないのかもしれません。だからこそ，定期的にクラス会議を職員の研修と位置づけ，月に１回でも対話する文化を職員室に持ち込むことで，まずは先生方の共同体感覚を高めていく。これが今の，関係性が希薄された職員室には一番大切なことではないでしょうか。

4 共同体感覚が高まった状態で

　教室の中で学習するときにも，行事を行うときにも共同体感覚が高まった状態で行うと色々なことがスムーズに進められます。例えてみると，栄養たっぷりのふかふかな土で作物を育てるような感覚です。この土の上で，作物はたわわに実り，害虫も発生しにくくなります。これが逆だと本当に大変です。何度水やりをしても，肥料を加えても，苗は育たないし，むしろタネから発芽しません。手を替え品を替え，たくさん施してもうまくいかないのです。これは本当に大変な状況になります。まずは土を育てていきます。それが共同体感覚を育てるということになるのです。

5 クラス会議でなぜ共同体感覚が育まれるのか

　一番の理由は目の前の人に優しく接することができるということです。
　自分が困っていることを真剣に考えてくれた。悩みを本気で聞いてくれた。そんなことの連鎖が繰り返されることで，共同体感覚は高まっていくのです。
　もう一つはハッピーサンキューナイスです。４章-3①でやり方は書きましたが，毎回一人ひとりの幸せなエピソードを聞くことができます。そうすることで，その子のバックボーンや家での生活の様子をクラスみんなが知ることになります。どんなことが嬉しかったのか，何に感謝しているのか。そ

れを知ることができることで，平面的な目に見えている情報ではなく，立体的な家族関係や友人の情報などを得ることができるのです。

6 深夜ラジオとクラス会議

　私は芸人さんのやっている深夜ラジオが大好きです。テレビでは見せない，素の感情や家族とのやり取り，大きな番組の裏側を話してくれるからです。これもクラス会議に似ています。学級の中で見せる表情は一面的です。言ってみればテレビ番組の中で見せるキャラクターと同じです。そうではなく，ハッピーサンキューナイスで話す日常の中で感じていること。土日に何をして過ごしていたのかを知ることで，その子の裏側を丸ごと知ることができ，それが好きにつながるのです。好きにつながるだけでなく，家での苦労も知ることができます。Cちゃんには小さな兄弟がいて，お母さんがその子のお世話ばかりをしていると知ると，みんながCちゃんに優しくすることができます。それを知った上で，Cちゃんが宿題に取り組めないことを悩みとして，話し出すからこそみんなが真剣に考えられるようになるのです。

6　クラス会議で夢を叶える

1 夢を叶える仕組み

　「人を動かす」で有名なデール・カーネギーが夢を叶える秘訣は，3人以上で具体的で明確な夢を語り合うことと言っています。作家のさとうみつろうさんは，自分の中にない考え方を取り入れることで，今までの自分とは違うやり方を知ることになり，成長スピードが上がっていくと言っています[2]。

　例えば，巨人ファンは阪神ファンを嫌います。優勝したら道頓堀に飛び込むことや，六甲おろしの大合唱を嫌がります。本当は理解できないこと，今までやっていないことの中に解決のヒントはたくさん転がっています。巨人ファンも優勝したら川に飛び込むと実はもっと優勝の喜びを味わうことができるかもしれません（もちろん道頓堀に飛び込むことを推奨している訳では

ありません）。

2 クラス会議で夢を叶える

　クラス会議で話し合っている子たちを見ていると，するすると夢を叶えたり，困りごとを解決していきます。コロナ禍でハロウィンパーティーがやりたい！と願っていた子がいました。学校では中々できない。家庭でも集まることが難しい。けれどもみんなでワイワイ楽しんだり，ゲームをしたい。そんな夢を持っていましたが，障壁は大きそうでした。そこで，クラス会議で相談をしました。すると，一気に夢が叶いました。オンラインでやればいい！各自で家から接続し，思い思いの格好をして，kahoot!! でクイズを作成し，クイズ大会をする。一人で考えていては，決して実行できなかったことが，すいすい叶えられました。

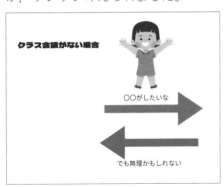 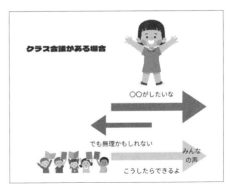

3 悩みもするする解決する

　解決しないと思っているといつまで経っても前に進みません。。先日訪問した中学校では「お父さんとけんかしてしまったが仲直りしたい」という中2男子の悩みが議題に上がりました。けんかの原因は「お父さんのたけのこの里を勝手食べてしまったこと」と，とても可愛らしい悩みでしたが，本人は真剣でした。みんなから「いつもけんかしたらどうやって仲直りしているの？」「どれぐらいの時間が経つと普通のモードに戻れる？」そんな質問を

されて，議題提案をした子は「はっ！」とした顔をしていました。結局，仲直りのためにたけのこの里を2つ買っておく。一緒にゲームをして遊ぶという解決策を選択しました。クラス会議後感想を聞くと，「頭ではわかっていたけど，実行するのに躊躇していたことをみんながハッキリ言ってくれたので，頭がスッキリして，心も軽くなりました。」と答えていました。

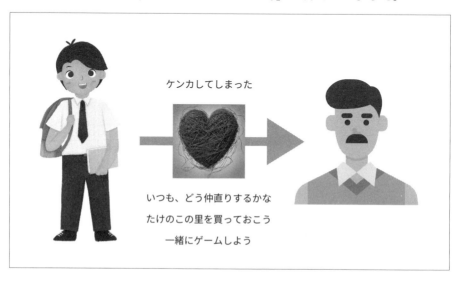

4 目の前の姿から

　教室の中で，夢を叶えていく子がどんどん生まれていくシステム。これは結構画期的です。そんな姿を見ることができることはポジティブな影響がとても大きいです。悩みも，相談したらみんなが全力で解決してくれた。この経験も本当に尊いです。「助けて」と声を上げたら，手を差し伸べてもらえた経験をすることができるからです。日本では毎年約3万人の人が自ら命を絶っています。これは遺書が見つかった人の数で，実数はこの何倍もいると言われています。食べ物や着る服，住むところもこれだけきちんと揃っているのに，なぜこんなにも生きていくのが苦しいという人がたくさんいるのでしょうか。ハード面ではなく，ソフト面に課題があるのでないかと私は考え

ます。大人になって困ったときに助けてくれる人がどれだけいるのか。一人で乗り越えようとするのではなく，周りに助けを求められる子を育てていく。これが教育の抱える一番の課題ではないでしょうか。

5 真の意味でのウェルビーイング

ウェルビーイングの達成には，自分らしく生きること。ポジティブな面とネガティブな面の両方からクラス会議は寄与できます。そのためには，先生が自分らしく生きていくことが大切です。先生がたくさんの業務に押しつぶされそうになっていたり，眉間にしわを寄せた顔で教壇に立っていては，ウェルビーイングは達成されません。

夢を叶えて生きていく。困ったことに直面したときに，周りに頼って困難を克服する。その練習を，小中高校年代で行うことで，幸せな国日本が形づくられていく。そう信じて，私はこれからもクラス会議で日本中の先生を勇気づけていきます。

（深見　太一）

【参考文献】

1）　赤坂真二（2024）『明日も行きたい教室づくり―クラス会議で育てる心理的安全性』明治図書

2）　さとうみつろう（2018）『神さまとのおしゃべり』サンマーク出版

・深見太一（2020）『対話でみんながまとまる！たいち先生のクラス会議』学陽書房
・石井遼介（2020）『心理的安全性のつくりかた―「心理的柔軟性」が困難を乗り越えるチームに変える』日本能率協会マネジメントセンター
・ナポレオン・ヒル，田中孝顕訳（1999）『思考は現実化する（新装版）』きこ書房

第5章

ウェルビーイングとポジティブ行動支援

5 ウェルビーイングとポジティブ行動支援
ウェルビーイングを実現するフレームワーク

Point
- ●ウェルビーイングとポジティブ行動支援の関係
- ●ポジティブ行動支援を通してウェルビーイングを高める
- ●効果的・機能的な実践を実現するポジティブ行動支援

1 ウェルビーイングとポジティブ行動支援の関係

1 ポジティブ行動支援とは

> 「ポジティブ行動支援」とは，当事者のポジティブな行動（本人の QOL 向上に直結する行動）を，ポジティブに（罰的ではない肯定的，教育的，予防的な方法で）支援するための枠組みのことです（日本ポジティブ行動支援ネットワークホームページ）[1]。

　ここに QOL（生活の質）という言葉が含まれているように，ポジティブ行動支援はウェルビーイングと類似する心身の「幸福」や，社会的な「健康」をターゲットに見据えた実践です。さらに，当事者だけでなく，支援者側の QOL の向上も包含した支援の枠組みであることも特徴です。
　また，日本ポジティブ行動支援ネットワークホームページでは，

> ポジティブ行動支援においては，行動の理由を明らかにして，その理由に基づいた支援計画を立てることが目指されますが，その過程におけ

> るアセスメントや適用される様々な技法は応用行動分析学に基づくものです。[2]

とあります。ポジティブ行動支援は「行動」にフォーカスしたものであり，科学的な理論である「応用行動分析学」にもとづきます。応用行動分析学とは，行動が生まれる要因を個人の内的なものに求めるのではなく，人と環境の相互作用にあると考え，行動（Behavior）と，行動が起こる前（先行事象：Antecedence），行動が起こった後（結果事象：Consequence）の3つに焦点を当てて（行動随伴性や ABC フレームと言います。図1），それらを分析して行動の改善を図る科学です。

図1　応用行動分析学における ABC フレーム

さらに，ポジティブ行動支援は特定の教育実践や How to を指すものではなく，様々な実践や取組を効果的・機能的にするためのフレームワークになります。ポジティブな行動は学習場面，生活場面，対人場面など，様々な場面で多様な行動が求められます。学校ではそれらに応じて授業や行事などの学校生活の中で様々な実践が行われていると思います。それらの実践を，より良くしていくフレームワークを構築します。

ポジティブ行動支援は，

- どのような**場面**で，どのような**行動**への支援が必要なのか。
- そのためにどのような**支援**を選択する必要があるのか。
- その**支援**は有効であるかどうか。
- （有効でない場合は）**支援**の方法をいかに再検討すべきか。

第5章　ウェルビーイングとポジティブ行動支援

といったことを支援者が考えることができ、結果として支援者側と被支援者側双方のウェルビーイング向上を実現していきます。ポジティブ行動支援は、確実な「支援をやってよかった！やってよくなった！」を約束します。

2　ウェルビーイングとポジティブ行動支援の関係

　大対・大竹・松見（2007）は、子どもの学校適応の概念をまとめ、その理論的基盤となる「三水準モデル（図2）」を提唱しています[3]。三水準モデルでは、まず子どもの行動的機能があり（水準1）、その行動をどのように強化して形成していくのかという環境としての社会的・学業的機能があり（水準2）、そのような個人の行動と環境の間にどのような相互作用が生まれるかによって学校での適応感が決まるというものです（水準3）。

　生活の大きな割合を学校で過ごす子ども達にとって、ウェルビーイングは学校適応感の上位概念と考えることができるので、「三水準モデル」がウェルビーイングに影響を及ぼすと考えることもできるでしょう。

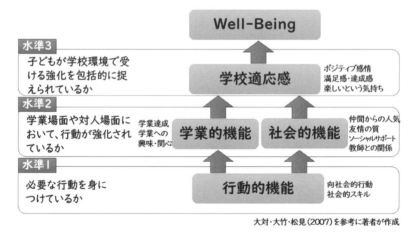

図2　学校適応アセスメントの三水準モデルとウェルビーイングの関係

　ポジティブ行動支援は、主にこのモデルにおける水準1と2をターゲットにするアプローチです。三水準モデルは水準1から3の階層構造であること

からも，子どもの行動を増やすこと，行動の実行可能性を高めることが極めて大切になります。さらに，その行動が機能するための学業場面・対人場面の設定，そしてそれらの場面で行動が適切に支援されることも重要です。これらを実現するのが，ポジティブ行動支援なのです。

3 ポジティブ行動支援のねらいは「行動レパートリーの拡大」と「環境調整」

　ポジティブ行動支援は，行動が生起しない原因を個人の内的なものに求めるのではなく，人と環境の相互作用にあると考えます。ですから，問題行動が見られる状況や行動が生まれにくい状況に対して，「何をしてるんだ！」とか「なぜ○○ができないの！」とその人を責め立てたりするのではなく，

> 「どういうことが原因で，その行動をしているのだろうか？」
> 「どういうことが原因で，その行動が難しいのだろうか？」

などと，その原因を ABC フレームにもとづいて考えます。

　ポジティブ行動支援では，問題行動に注目してその行動を減らそうとするアプローチではなく，問題行動に変わるポジティブな行動が生じるように適切に支援（環境調整）を行います。さらに，このポジティブ行動のレパートリーを拡大させ，積極的に多様な行動が生まれ，選択できるような支援も行います。このようなアプローチは，

> 「問題行動とポジティブな行動は，同時に行うことができない。」
> つまり，「ポジティブな行動を増やすと，相対的に問題行動は減少する。」

という原理にもとづいています。

第5章　ウェルビーイングとポジティブ行動支援　93

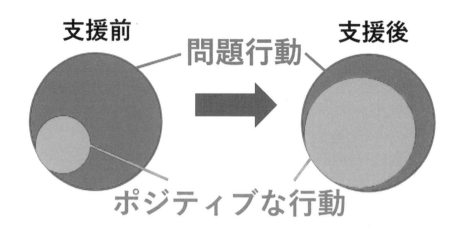

4 ポジティブ行動支援の基本的な考え方

　ポジティブ行動支援では、ABC フレームにもとづいて大きく 3 つの支援を行います（図 3）。

図3　ABC フレームとそれぞれの支援の考え方

①ポジティブな行動は何かを検討し、できるようにする（B を考え教える）

　はじめに、学校・学級におけるポジティブな行動とは何かについて検討します。ポジティブな行動とは、定義にもとづくと「児童生徒本人の QOL 向上に直結する行動」です。どのような行動が当てはまるのかを十分な対話を通して考えることが重要です。学級で考える場合は、学級や学校の目標にもとづいて考えることも大切です。

　また、ここでは明確に行動を定義することも重要です。例えば「授業準備

をする」という行動だと，何をもって準備なのかが明確ではありませんし，教科によって準備するものも異なるでしょう。よってこの場合は，「国語の授業のときは教科書，ノート，辞書，筆記用具を準備する」と明確に伝えることで，行動がわかりやすくなりますし，支援も的確に行うことができます。

　行動を検討したら，その行動をできるように支援・指導します。ここで大切にしたいのが「できることを当たり前としない」ということです。学校では，「○年生なんだからできるでしょ！」なんて声かけで行動を促す指導が見られることがありますが，それによって本来は教えなければならない行動が教えられず，できていない状態を叱責してしまうという現象が生じてしまいます。行動へのアプローチによって，行動ができるように支援・指導することが実現します。

②行動が生まれやすい環境をつくる（A を整える）

　支援する行動が決まったら，その行動が生まれやすい環境をつくります。ここでは言語的，視覚的，聴覚的，物理的な方法を駆使していきます。例えば上記の授業準備であれば，教師の言葉かけ，準備物を示したポスターの掲示，また，音楽を流すことで準備する時間であることをリマインドすることもできるでしょう。ここでは，ユニバーサルデザインの考え方を取り入れることで，行動を実行する上での障壁を取り除くことができ，ポジティブな行動が生まれやすい環境をつくることができます。

③行動をやって良かったと思えるメリットをつくる（C を整える）

　行動が持続・増加したりするためには，その行動の直後に「行動をして良かった」と思えるメリットがあることが大切です。そのメリットがないことによって，行動が形成されにくくなります。メリットと言うとご褒美やほめること，などと思われるかもしれませんが，大切なことはできたことをできたと伝えることです。また，どのくらいできたかを記録することも有効です。

2 ポジティブ行動支援で集団のウェルビーイングを高める

1 ポジティブ行動支援による集団支援・学級経営

　行動は，子ども個人だけでなく，「話を聞く」「課題をする」「学びあう」など，集団の行動というのもあります。こういった集団の行動に対しても，ポジティブ行動支援は有効です。ポジティブ行動支援は同一の行動を実行するメンバーであれば，それが小集団でも，学級でも，学校全体でも同じフレームで支援を行うことができます。

　では，個人への支援と同様にどのように集団支援でポジティブ行動支援を行い，ウェルビーイングを高めていくのかを紹介していきましょう。

①ポジティブな行動は何かを検討し，できるようにする（Bを考え教える）

　はじめに，学級におけるポジティブな行動とは何かについて検討します。学級ではよく「学級目標」が掲げられることでしょう。さて，その目標は，半年経っても1年経っても意識できているでしょうか。目標が形骸化してしまう要因は様々ありますが，その一つに目標を実現しうる行動について検討されていないことが考えられます。どのような行動が目標を実現するのか，目標を実現するために必要な行動は何なのか，ということです。これを授業時間や休み時間などの場面ごとで整理しながら考えていきます。図4では学級目標「仲間・自分を大切にしよう！」を実現するための行動を表に整理していきます。この際に大切なことは，ここに示された行動はルールではないということです。しなければならない行動ではなく，

> 行われることで目標が実現する「望ましい行動」

です。ですので，ここに示された行動ができていないからと注意するのではなく，できていた際に，認めたり称えたりするものであるということを，学級全員で共通認識しておくことが重要です。

96

自分と仲間のかがやきを大切にしよう

場面／価値	自分のかがやきを大切にしよう	仲間のかがやきを大切にしよう
授業中	□チャイムが鳴ったらきりかえよう □課題に取り組もう □難しくても考えてみよう	□みんなの話を大切にしよう □みんなの学びを大切にしよう □友だちの発表から考えよう
休み時間	□授業の用意をしてから遊ぼう □時間になったら遊びをやめて教室に戻ろう □次の授業の気持ちをつくろう	□静かに過ごしたい人を大事にしよう □1人の子に声をかけよう □みんなの安全を大切にしよう □ろうかや階段は歩いて移動しよう
休み時間（雨天時）	□友だちと仲良くすごそう □教室でできることに取り組もう	□歩こう □静かに過ごしたいお友だちを大事にしよう □遊び道具をゆずり会おう
教室移動	□静かに歩こう □整列しよう	□時間までに並ぼう □授業中のみんなを大切にしよう

図4　学級における行動表の例（一部を抜粋）

　この「望ましい行動」ですが，もちろん目標が変われば学級によっても異なりますし，実態や特色によっても変わるので学年，学校，地域でも異なります。ポジティブ行動支援では文脈適合性と呼ばれる「周囲の児童生徒や教師を含む学校環境に適合した支援のあり方であること」（平澤，2008）を重視します[4]。また，ポジティブ行動支援におけるポジティブな行動とは，「本人のQOL向上や本人が価値あると考える成果に直結する行動」であることから，子ども達との対話にもとづく望ましさの検討を大切にします。

> この過程が，学級集団としてのウェルビーイングを考える機会となるでしょう。

②行動が生まれやすい環境をつくる（Aを整える）

　目標や支援する行動が決まったら，その行動が生まれやすい環境をつくっていきます。ここでは言語的，視覚的，聴覚的な方法を駆使していきます。例えば「あいさつをする」という行動であれば，あいさつを促すポスターを掲示したり，教師が積極的にあいさつするなど機会を増やしたりしていきま

す。このポスターでは，その様子の写真も示すことで，モデリングの機能としても効果を発揮します。また朝の時間に音楽を流すことであいさつをする時間であることをリマインドすることもできるでしょう。

また，ただ「あいさつをする」ことを目指すのではなく，

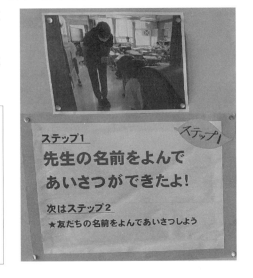

> ステップ1では，先生の名前を呼んであいさつをする。
> ステップ2では，友だちの名前を呼んであいさつをする。
> ステップ3では，○人の友だちに名前を呼んであいさつをする。

とスモールステップで目標を立て，確実な行動の実現を支援します。どのような段階が必要かは，子ども達の実態に応じて考えることが求められます。

③行動をやって良かったと思える環境をつくる（Cを整える）

　行動は，その行動の直後に「行動をして良かった」と思えるメリットがあることで，次も行動が生まれやすくなります。せっかく努力して行ったことでも，その後何も生じなかったり，ないがしろにされたりしたら，「もうやらないでおこう」と思いますよね。メリットがないことによって，行動のABCフレームが成立せず，行動が生じにくい状況になってしまいます。

　研修会などでポジティブ行動支援におけるメリットについてお話すると，

> 「ああ，ほめればいいんですね！」
> 「ごほうびを与えるということですか？」

などと，極端な対応に誤変換されてしまうことがあります。私はポジティブ行動支援についてお話する際には，「ほめる」という言葉を使わないようにしています。それはなぜかというと，「ほめましょう」と言ってしまうと，ほめることしか行われないからです。ここで言うメリットとは，

> 行動を"またやろう""またやりたいな"と思える出来事

です。このように，相手の行動が生まれやすい関わりを「機能的な関わり」と言いますが，ほめることが機能的な関わりとなる人もいれば，ほめることで行動をしたくならない人もいます。

　よって，行動の後にどのように関わるのかは，集団の特徴や個人のパーソナリティを十分に理解した上で，様々な関わり方のレパートリーの中から選択する必要があるのです。

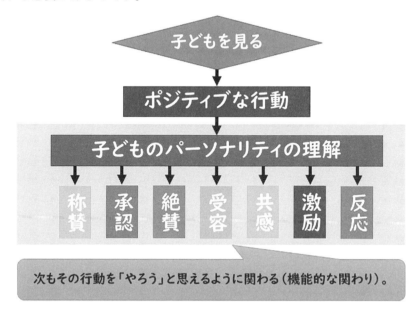

図5　ポジティブな行動に対する多様な行動レパートリー

ポジティブな行動に対して関わるとともに，その行動の回数や頻度，内容を集計表やグラフに記録して，それにもとづいて「これくらいできるようになっているよ」や「こんなこともできているよ」と具体的に伝えたり，週に一度，仲間同士で「○○していて，すごいと思ったよ」「○○してくれて助かったよ。ありがとう」などとカードを渡し合い伝えあったりすることも非常に有効です。このようにポジティブ行動支援では，教師と子どもという二者関係だけでなく，その環境や子ども同士の関わりも活用して，ポジティブな行動が生まれやすい「システム」をつくることも特徴です。

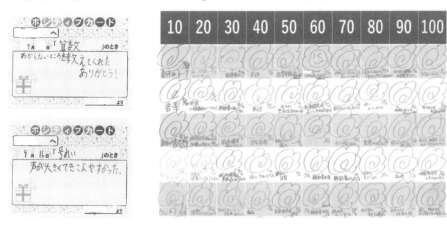

図6　行動を「やってよかった」と思える工夫

2　子ども達とともに，生活・学習の行動の ABC を考える

　行動表の作成でも述べましたが，ポジティブ行動支援では子ども達とともに考えていくことを大切にします。ここまでは学級の環境づくりを中心に述べてきましたが，例えば行動表の中で考えた行動をターゲットとして，学級集団全体で高めていくときには，子ども達とともに，どのように行動が生まれやすい環境をつくるのか，行動ができるようにするのか，行動をやって良かったと思えるメリットをつくるのかを考えていきます。子ども達とともに考えることで，ABC フレームにもとづく計画の過程を共有することができ

ますし，結果的には子ども達が自分自身の行動について，環境調整を主体的に行えることにつながっていきます。つまり，学級でのポジティブ行動支援の活用を通して，子ども達と行動変容のフレームを体験していくのです。

その際に活用できるのが，「行動支援計画シート」（松山，2018）です[5]。このシートは，示された Step に沿って考えていくことで，ABC フレームにもとづいて行動が生まれやすい環境をつくっていくことができます（図7）。このシートは，学級会用や個別支援用など様々あり，対象に応じて適宜編集して活用できるものとなっています。

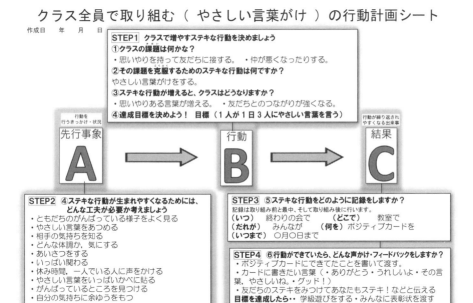

図7　学級会用行動支援計画シートの例

行動支援計画シートのダウンロード
https://yasunarimatsuyama.jimdo.com/contents/

第5章　ウェルビーイングとポジティブ行動支援　101

3 「行動」と「結果事象」への支援がウェルビーイングには重要

　学校では，何をどのように教えるか，ポジティブな行動が生起するためにどのように環境を整えるか，という視点での検討や支援はよく行われます。例えば，新しい教室を整える際に，掲示物をどこに張り出すか，机の配置はどのようにするか，それに応じて机の位置を示すシールを床に貼ったりしますよね。また授業中の声の大きさを指示しやすい「声の大きさ」を示す掲示物や，ハンドサインの意味をイラストで示したりする教室も多いでしょう。このように行動が生まれやすいきっかけをつくる「先行事象」に対する支援はよく行われますが，その行動ができるように練習をしたり，モデリングをしたりするといった「行動」に対する支援が行われることは，特に学年の上昇に伴って少なくなってしまうように思います。このような現象が生じるのは，教師が子どもの行動に対して「できて当たり前」と捉えてしまうからではないかと考えています。その結果として「結果事象」に対する支援も行われにくくなってしまいます。

　この「行動」と「結果事象」への支援が，ウェルビーイングの実現には非常に重要です。

4 様々な教育実践と融合することでよりウェルビーイングが高まる

　ポジティブ行動支援自体は，特定の教育実践を指すものではなく，フレームワークを実現する枠組ですので，様々な教育実践と融合することで，その教育実践をより機能的に，効果的にしていくことができます。それは結果的に，教師と子ども達のウェルビーイングを高めることにもつながります。

　例えば，「行動」への支援としては，SST や SEL と融合した実践が有効でしょう。SST や SEL では，子ども達に必要な行動を教えたり，自己と他者の情動理解を通した学びを行っていくわけですが，これだけでは行動が機能する ABC フレームは整いません。そこでポジティブ行動支援のフレームワークにもとづいて，そこでの学びが機能するような先行事象と結果事象の環境を整えていくのです。

また，学習場面においては，学びのユニバーサルデザイン（UDL）や自己調整学習との融合が有効です。UDL を推進する米国 CAST（Center for Applied Special Technology）が示す「UDL 実践者の成長のルーブリック」（CAST, 2018）では，UDL に取り組む上で必要な子ども達の不安要素や集中を妨げにくい教室環境の整備や，学習場面や仲間と協働する場面における期待されている行動・価値を決めることを，ポジティブ行動支援にもとづいて行うことが推奨されています[6]。また，自己調整学習は，「動機づけ」「学習方略」「メタ認知」の 3 つの要素を通して，自らの学びに能動的に取り組む学習でありますが，この 3 つの要素は，まさに子ども自身がフレームワークで自らの学びを高める，自らの行動を高めるというポジティブ行動支援のフレームワークを活かしていくことができます。このように様々な教育実践と融合することで，子ども達の自己実現を可能にしていくのです。

3　子どもの主体的な行動調整を実現する「自分研究」

1　学級全員が自分の行動について考える「自分研究」

　教室の中で，ABC フレームにもとづいてポジティブ行動支援を実践することで，子ども達は「行動がどのような工夫で生まれるのか」という行動の原理を体感的に学ぶことができます。ポジティブ行動支援は，教師による支援だけでなく，自分自身で行動のコントロールを行うこともターゲットにしています。松山（2023）は学級経営の中で，子どもが自身の行動に対して，その行動が生まれやすい環境づくりを「自分研究」という形で行動支援計画シートを用いて行っています[7]。

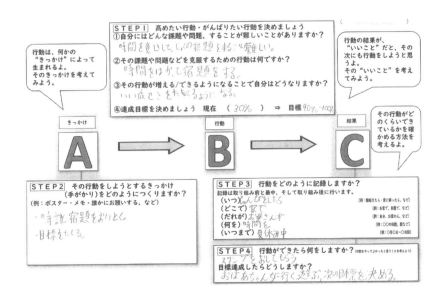

図8 子どもが作成した行動支援計画シート

　この取組では，子ども達が生活の中で「○○ができるとより充実した日々を過ごせる」，「○○ができると自分自身が成長する」と思う行動を決めて，その行動が日々の生活で生まれやすい環境を，ABCフレームにもとづいて考えていきます。ここで大切なことは，行動が生まれにくい原因を，自分自身の「やる気」や「気持ち」といった内的なものに求めるのではなく，環境に原因を求め，それを整えていくということです。すると，支援計画の中には，自分だけでなく家族の名前が出てきます。「お母さんに声をかけてもらう」「弟といっしょにする」「お父さんに"がんばったよ"と言ってもらう」など，周りの人たちを行動支援の資源と捉えて，お願いをしているのです。

　また，「結果事象」では，おそらく学級でポジティブ行動支援をしていなければ，「○○ができたらゲームをする」などと行動ができたことに対して直接的にメリットを設定するかと思いますが，日頃，学級みんなで行動の成果とメリットを調整して，メリットの時間や費用などを考えたり，何回で○○するかなど，どの程度できたらメリットの機会を行うかなど検討している

こともあり，「スタンプを押してもらう」「カレンダーにチェックを入れる」などと行動を記録し，その回数や頻度に応じてメリットを設定するなどの工夫が見られます。また，「祖父母の家に行く」「スーパーについて行ってお菓子を買ってもらう」など，子ども達にとっては日頃の生活の一つをメリットとしている工夫もありました。

２ 子どもに応じた支援を実現する

　このように学級全員が自分の行動について考えることは，「一人ひとりに多様な行動支援のニーズがある」ということを学級で実感できることにもつながります。これにより，集団支援の中で個別的な支援や環境整備するといった多層支援を実現します。その結果，インクルーシブな学級環境を構築することができるのです。

　それは，ポジティブ行動支援の対象が「人」ではなく，「行動」であることに所以します。人を支援対象とすると，「あの人は○○だ」「○○な人には支援が必要だ」などという考えが学級に蔓延してしまい，人にレッテルを貼ったり優劣をつけて考えてしまうことになってしまいます。しかし，ABCフレームと，それにもとづいて一人ひとりが行動調整を行うことによって，「誰にだって難しい行動はある」という視点で他者を見ることができます。私はこのマインドセットが学級全員で行えない限りは，個別最適な学習や全体の中での個別支援への真の理解には至らないと考えています。

　そのためにも，学級・学校全体でのポジティブ行動支援の導入は必須ですし，これによって子ども一人ひとりのウェルビーイングが実現し，さらには教師のウェルビーイングも実現します。

　ぜひ皆さんも，自分の行動，子ども達の行動に焦点を当てて取り組んでみませんか？

（松山　康成）

第5章　ウェルビーイングとポジティブ行動支援　105

【引用・参考文献】

1） 日本ポジティブ行動支援ネットワーク　https://pbsjapan.com/

2） 前掲1）

3） 大対香奈子，大竹恵子，松見淳子（2007）「学校適応アセスメントのための三水準モデル構築の試み」教育心理学研究，55（1），pp.135-151

4） 平澤紀子（2008）「学校における行動問題への支援 -- 活動参加に向けた効果的な環境の形成」発達障害研究，30（5），pp.330-337

5） 松山康成（2018）「児童会活動による学校全体のポジティブ行動支援：ビジュアル版行動指導計画シートの開発と活用」学校カウンセリング研究，18，pp.25-31

6） CAST，UDL（学びのユニバーサルデザイン）研究会訳（2018）「UDL 実践者の成長のルーブリック」

7） 松山康成（2023）『学校・学級が変わる！ はじめてのポジティブ行動支援―子どもと先生の笑顔が輝くアプローチ』明治図書

第6章

ウェルビーイングと地域づくり

6 ウェルビーイングと地域づくり
「個」を「社会」につなげる教育環境を創造する

Point
●キャリア ウェルビーイングとコミュニティ ウェルビーイング
●キャリア ウェルビーイングと学校づくり
●コミュニティ ウェルビーイングと地域づくり

1 学級づくりのその先は?!

学級づくりのその先には学校づくりがあります。その先には生徒達が生きる地域があります。この章は，目の前の学級づくりをその先につなげていくためのヒントになるかもしれません。

　学級，学校は子ども達が将来幸せな人生を送ることができる準備を，安心・安全の中で行う場です。海に漕ぎ出す前に必要なスキルや考え方を学ぶプールのようなものです。そこで関わる私達は，プールでの教え方を学び，工夫することは当然のことながら，その先にある大海でどのようにその学びを活かせるか考えることは必須なのではないでしょうか。その先を知っているからこそ目の前の実践に力強さが生まれるのではないでしょうか。

2 ウェルビーイングを構成する5つの要素

　ウェルビーイングには様々な観点があります。アメリカの心理学者，マーティン・セリグマン氏がウェルビーイングを構成する5つの要素である「PERMA（パーマ）の法則」を提唱しました[1]。また日本型ウェルビーイングといったものもあります。今回は世界最大級の世論調査企業である米国ギャラップ社の提唱した「ウェルビーイングの5つの要素」から考えてみます。以下，NECソリューションイノベータの記事から抜き出したものです[2]。

① Career Well-being（キャリア ウェルビーイング）

　キャリアの幸福度。ここでいうキャリアとは，収入を得るための仕事だけに限らず家事，育児，勉強など生活の側面も含んだ働き方や生き方です。

② Social Well-being（ソーシャル ウェルビーイング）

　人間関係に関する幸福度。家族や友人，職場の同僚など，周囲の人達と良好な人間関係を築いているかどうかを指します。

③ Financial Well-being（フィナンシャル ウェルビーイング）

　経済的な幸福度。収入を得る手段があるか，納得し満足する生活が送れているか，資産管理できているかなどです。

④ Physical Well-being（フィジカル ウェルビーイング）

　心身の幸福度。自分が思うような行動を不自由なく実行できる健康状態が理想的です。

⑤ Community Well-being（コミュニティ ウェルビーイング）

　地域社会やコミュニティでの幸福度。地域や家族，職場，学校など所属するコミュニティにおいて，周りの人達とつながっている感覚があるかなど。

　今回はこの中から学校づくり，地域づくりに深く関わる**キャリア ウェルビーイングとコミュニティ ウェルビーイング**に焦点を当てます。

第6章　ウェルビーイングと地域づくり　109

3 キャリア ウェルビーイングと学校づくり

1 自己決定度・学校づくり

　幸福度に強い影響を与えるものが，健康，人間関係に次いで，自己決定であると西村・八木の研究（2018）で明らかになりました[3]。**自己決定度の高さがウェルビーイングにつながる**ということです。ではどのようにしたら自己決定度が高まるのでしょうか。

　自己決定度を高めるものは様々です。自己肯定感や他者とのつながりといった目に見えない内面的なものから，情報へのアクセス，サポート体制の充実といった目に見える環境的な（外面的な）ものまで。私はそれらの中で環境的な面の「選択肢」に注目しました。**選択肢がないと**自己決定度が高まりにくいと考えたからです。

　教育関係者として「選択肢」という視点で現行の学校教育システムを振り返ってみました。その中で一番選択肢がなかったのが，小学校。ついで中学校でした。約99％が公立の小学校に通学しているという現実は，他に選択肢はないといってもよい数字ではないでしょうか。また，義務教育期間終了後の高校進学率約98％という数字は義務教育期間が高等教育まで続いていると言っても過言ではありません。

　12〜16年間（大学まで入れた場合），選択肢がない，示されない，あるいは他のことを選択することを許容されない雰囲気の中で育てば，自己決定度は高まりにくいでしょう。多感な10代のときに，これだけ長い期間こういった環境下で過ごすわけですから，それが生き方まで影響するのも当然のことではないでしょうか。

　テレビで放映される番組が一つの企業によってつくられたものだけであり，それを12〜16年間見続けることをほぼ強制されたような環境の中で成長することを想像していただければ，その影響力の強さ，大きさはおわかりいただけるのではないでしょうか。

　実際にこのような環境の中で自己決定度が高まりにくいことは子どもや保

護者の言動からも読み取ることができます。

「みんなが行くから」

「幼稚園は色々考えましたが，小学校は何も考えずに地元の学校に入れました。それが当たり前だと思いました」

自己決定度の低さは幸福度だけでなく，以下のような弊害を生みます。
①自己認識の欠如
②創造性の低下
③モチベーションの低下
④社会的スキルの不足
⑤自己肯定感の低下

これらの弊害は，個々の子どもの成長と発達，その生き方に影響を与えます。またそれだけでなく，社会全体の力強さやイノベーションの源泉にも影響を与えますし，なにより現在の学校の不登校やいじめ，学級崩壊，学力低下などの課題に直結するものではないでしょうか。

以上のような状況を鑑み，最も選択肢の少ない義務教育期間における新たな学校づくり（選択肢づくり）が自己決定度を高め，キャリア ウェルビーイングにつながると考えました。

もちろんこれらの弊害を，学校づくりだけで解決できるとは思ってはいません。しかし，今までほとんど選択肢のなかったところに選択肢をつくり，それが自己決定度を高めることにつながるならば，学校現場に影響を与えるだけではなく，そこからつながる生き方（キャリア）にも影響を与えることができるのではないかと考えました。

第6章　ウェルビーイングと地域づくり　111

2 対等な選択肢としての学校づくりの実践

選択肢をつくるといっても，なんでもよいわけではありません。対等な選択肢をつくる必要があります。**選択肢をつくる目的は「考えて，自己決定する」ということです。**仕方なく選ぶ選択肢，大半の人が選べないような選択肢ではその目的は達成されにくいでしょう。幼稚園や高校などを選ぶときと同じように，フラットにテーブルの上に選択肢を乗せて，優劣ではなく「これが自分に合っている」と感じて選ぶことが重要なのです。

この対等な選択肢づくり（＝学校づくり）の枠組と中身（日々の実践）を紹介していきます。

1．枠組

枠組はヒドゥンカリキュラムです。この枠組の在り方は暗黙のメッセージとして保護者や子どもに伝わります。ここでは３つの枠組を紹介します。

（1）授業料は無料

私が対等な選択肢づくりとして2014年にスタートした瀬戸ツクルスクールは開校当初から授業料は無料です。そもそも憲法により，「義務教育は，これを無償とする」とされていることもありますが，私が目指している**既存の公教育と対等な選択肢**という点で考えると，約99％が通学している公立の小学校の授業料は無償なのですから，有償にすると，同じテーブルにあげて考えてもらえません。対等な選択肢になるためには授業料が無償であることは欠かせません。

（2）小学校から社会人として働くまでの道筋の整備

最初に書いたように，中学校を卒業した後97％の生徒たちが高校に進学します。高校卒業時の就職希望者の98％は就職をし，大学進学者も卒業時は令和４年度の就職率は95.8％となっています。これは既存の学校教育を高校もしくは大学まで卒業すれば就職が可能であるという数字です。働く

までの道筋は整っていると言えるでしょう。こういう状況の中で，瀬戸ツクルスクールの持つ教育システムが働くまでの道筋を整えておかなければ，対等な選択肢にはならないと考えました。

　そこで瀬戸ツクルスクールでは就職という道筋ではなく，個人事業主という道筋をつくることにしました。そのために瀬戸プラクティカルカレッジという高等部をつくりました。一般基礎教養をはじめ，キャリア教養も学び，社会に出て働けるだけのスキルとマインドを学べるようにしました。また高等部卒業後も継続的に学べる瀬戸ユースカレッジを開校する予定です。その後も瀬戸市には行政が主導の個人事業主のための「せと・しごと塾」という学び場があり，そこで地域の方とともに学べるようになっています。これらがつながることで，新たな道筋が整います。

　このように働くまでの新たな道筋を整えることで，既存の学校と対等な選択肢になれるようにしています。

（3）　理論ベースの教育

　既存の学校教育も今までの実践やそれにもとづいた理論をベースに運営されているように，瀬戸ツクルスクールも理論をベースにしています。個人の思いや経験則だけで運営していないということです。発達理論に関してはエリクソンの発達課題を前提としています。また心理はアドラー心理学をベースにしています。私自身北米アドラー心理学会認定のポジティブ・ディシプリン・ペアレント＆学級エデュケーターの資格を持っています。（ポジティブディシプリンはクラス会議の大元のプログラムです）道徳性に関してはコールバーグの道徳性発達理論をベースにしています。また日本学級経営学会の会員でもあり，不定期ではありますが，実践発表をしています。

以上の3つの枠組を持つことで，公教育と対等な選択肢になるように取り組んでいます。

2．中身（日々の実践）

　枠組として対等な選択肢を用意しても，その中身が伴っていなければ本質的な対等感は生まれません。個別授業と謳っている塾にも関わらず，集団授業をしていてはいけないのです。

　対等感が育まれるように行っている以下の３つの内容を紹介します。

（１）　法律がルール

　瀬戸ツクルスクールはかなり自由に行動を選ぶことができます。ただしルールはあります。これはどんな場に行っても必ずルールがあるのと同様です。ルールをつくるときに色々考えましたが，大人になって身につけておかなければならない社会のルールで，**社会の全ての人に対等にあるルールは「法律」**だというところ立ち戻り，シンプルに「法律を守ること」というルールに集約しました。

　ここで大事なことは，**ルール厳守の指導に偏りすぎない**ということです。ルールをベースにした上で，場面，場面で考え，判断して行動できるようになることが大切なのではないでしょうか。そして子どもですから当然そこには失敗もあります。その**失敗を受容した上で成長につなげていく**ことが大切なのだと考えています。

　またこのルールを浸透させるために，**定期的にルールを確認**しています。毎学期末にルールを読ませ，日付と名前をサインさせています。守れていないときに注意するのではなく，普段守れているということに目を向けることで，ルールを守る大切さをポジティブに受け入れてもらうためです。

　こういったある程度の配慮は必要ですが，誰にでも対等なルール「法律」をルールとすることで対等感を育めると考えています。

（2） 責任も対等に

　子どもには子どもの責任が，保護者には保護者の責任があります。その責任を対等にすることで，対等感を育みます。

　これは，自分でできることは自分でやってもらう。できるであろうことにもチャレンジしてもらうということです。

　そのときに必要な心構えは，**失敗は織り込み済みであり，むしろ失敗したほうが学びが多い**と捉えることです。

　これは，もし子どもがチャレンジできるのにチャレンジしないとしても，それは本人が決めたことであり，いずれ必要であれば必ずチャレンジすると信じ，そのときにうまくいかなかったとしても，それでもその子なりに消化してちゃんと成長していくと信じるということです。

　また，**保護者にもできることはやってもらう**ということです。

　例えば，瀬戸ツクルスクールでは，食育の優先順位は自己決定感育成のほうが高いと伝え，食についてはご家庭で教えるようにしてくださいと伝えています。また，通学時の交通ルールや公園で遊ぶときのルール，商業施設での立ち振る舞いなど，指導の必要がある場合は保護者に伝えてもらっています。

　スクールでしかできないことや家で育てにくいことにフォーカスしてスクールで実践することは，責任を分担することになり，対等感を育むことになるのです。

　また任意ではありますが，**保護者の子育てレポート**も提案しています。子どもも大人も学ぶ者として対等だと考えているからです。子どもには子どもの課題が，大人には大人の課題があります。自分の課題を子どものせいにしないようにする必要があります。エリクソンの発達課題を踏まえての取組です。

第6章　ウェルビーイングと地域づくり　115

（3）　対等感を育む考え方

　アドラー心理学の５つの考え方をベースにしています。アドラー心理学は相互尊敬・相互信頼を大切にしています。それらは対等感につながります。子どもたちの行動を考えるときはこの５つの考え方をベースにしています。

　例えば，子どもがやや暴力的な行動をとってしまうとき。

①認知論

　この子にとってはこれが最善のやり方だと思ってるんだろうな。

②目的論

　こういうことをして何がしたいんだろう。

③自己決定論

　色々やり方はあるんだろうけれど今はこれを選んでいるのだろうな。

④対人関係論

　どの場所でも，誰が相手でもこのような感じなのだろうか。

⑤全体論

　今までの経験や今の感覚全ての結論としてそういう行動をとっているのだろうな。

　この考え方で暴力的な行動がやむわけではありません。またこの考え方で人をジャッジするわけでもありません。このように考えることで対等な考えや感覚を保つことができ，その上で相手と話せることが大切なのです。

　以上の３つの枠組，３つの中身が対等な選択肢である新たな学校をつくっています。そしてそれが対等な選択肢となることで，自己決定感を育み，幸せな生き方（キャリア　ウェルビーイング）につながると考えています。

最後に，対等な選択肢をつくることで，既存の学校にも良い影響が与えられると考えています。
　生徒も保護者も「自分が選んだ」という感覚を持って学校に通えば，問題があったとき，クレームよりも解決策に向けた考えを持つようになるのではないでしょうか。先生たちも，生徒がなんとなく教室に来ているのではなく，色々考えて選んで来てくれていると思えば，より一層勇気が湧くのではないでしょうか。
　今回は対等な選択肢という環境面に焦点を当てましたが，そこには選ぶことに対するそれぞれの責任感が必要だと考えています。対等な選択肢にそれぞれの責任感が伴って初めてその効果が発揮されると考えています。
　選択肢をつくるくらいでは改善が非常に難しいくらい消費者マインドが強くなってしまっているので，すぐにうまくいかないかもしれませんが，一つの可能性としてチャレンジしていきたいと思っています。

瀬戸ツクルスクール　朝のミーティングの様子

4 コミュニティ ウェルビーイングと地域づくり

まずはコミュニティ ウェルビーイングと地域づくりがどのような点でつながっているかを整理します。

1．コミュニティ ウェルビーイングとはなにか

地域社会やコミュニティでの幸福度。地域や家族，職場，学校など所属するコミュニティにおいて，周りの人たちとつながっている感覚があるか。要するに**つながり感を持つことで幸福度は向上**するということです。

2．地域づくりとはなにか

地域づくりとは，特定の地域やコミュニティをより良い場所にするための取組やプロセスを指します。これは，地域の住民，行政，企業，非営利団体などが**協力**して，地域の課題を解決し，その魅力や資源を活かして持続可能な発展を促進することを意味します。

より良い地域づくりの大きな要因の一つが協力であり，つながり感が増すことで，その協力は促進されると考え，**コミュニティ ウェルビーイングと地域づくりの共通の目標を「つながり感（連帯感）の育成」**として取り組んでいる実践を紹介します。まずは現状です。

瀬戸みんなの会議の様子

1 地域のつながり感の現状

　一般的には地域のつながり感は弱まっている傾向があるとされています。それは，都市化や社会の変化，個人主義の増加などにより，地域コミュニティの結束が弱まっている傾向があるためです。具体的な要因としては，**移動やコミュニケーションの変化，ライフスタイルの多様化，経済の停滞，高齢化と若年層の減少**などが挙げられます。

　こういった背景のもと，特に多様な価値観，多様な生い立ちを持つ人たちが，どのようにしたら地域のつながり感を持てるか考えました。そして，そのためには，**社会や他者に関心を持つ**ことが大切であり，そこには**当事者意識**が必要だと考えました。

2 社会・他者への関心と当事者意識

　私は以前はまったく地域社会に対して関心はありませんでした。理由は様々ですが，今考えると自分は地域に養ってもらっているのではなく，会社から給料をもらって養ってもらっているのだと考えていたからだと思います。自分が当事者である会社のことには関心がありましたが，地域には関心がありませんでした。

　しかし，自分の住んでいる瀬戸市で個人事業主として生計を立てるようになり，どこかの会社の一員ではなく，瀬戸市の一員という当事者意識が生まれ，地域の様々な課題に関心を持つようになりました。

　こういった経験から，社会・他者への関心は当事者意識を育むことから生まれると判断しました。

3 つながり感育成のための地域づくりの実践

　実践手法として選んだのはアドラー心理学のクラス会議という手法です。アドラー心理学はそもそも「共同体感覚の育成」を大切にしています。共同体感覚とは英語にすると「social interest（社会的関心）」であり，大ざっぱに言えば，「つながり感」とも言えるので，実践手法として最適だと考えま

第6章　ウェルビーイングと地域づくり　119

した。名前は「クラス会議」ではなく「**瀬戸みんなの会議**」と呼ぶことにしました。

　手法の実践方法はたくさんの書籍がでていますのでそちらを参考にしてください。ここからは私が「地域づくり」を意識した上で，どのような点を考えながら実践しているかをこちらも学校づくりと同様に枠組と中身で紹介します。

Ⅰ．枠組

（1）　定期開催

　多様な社会になったからこそ大事な事柄については定期的に開催，継続することが大切だと考えました。現在も地域課題に対する話合いは行われていますが，不定期であり，予定が立てにくい状況です。日程が合うから参加するのではなく，参加するために日程を合わせるくらいの位置づけが重要です。そのためにも参加することが楽しみになるような仕掛けも重要です。「参加して良かった！」「楽しかった！」と思えるような場を設定する必要があります。これに関してはこれから実践していくのですが，マルシェのような形にして，その中に「瀬戸みんなの会議」を組み込んでいこうと思っています。

　マルシェはフランスで生まれました。現在のフランスのマルシェは，市民の日常生活の一部となっています。同じ日の同じ時間に開催されることから，市民の憩いの場でありコミュニケーションの場にもなっています。生産者と消費者も顔なじみになり，信頼関係が生まれます。そういった事例も踏まえ，それをさらに発展させてみようと考えています。地域のことをみんなで考えることはおもしろい，それが楽しみになる，そんな時間にしたいと思っています。

（2）　市議会へのつながり

　前回の「瀬戸みんなの会議」には瀬戸市議会議員にも参加していただき

ました。また話し合う課題も，瀬戸市議会で重点項目になっている事柄について話合いをしました。自分たちが話し合ったことが，その場限りで終わってしまっては，地域への当事者意識は育まれません。現代はありがたいことに子ども達が大好きな YouTube で市議会を観ることができます。その YouTube に一緒に話し合った人が出ていて，さらに自分たちの話し合ったことが発表されることで，自分たちも瀬戸市の課題に参加しているのだという意識が生まれてくると考えています。

（3） 地元企業との協働

　地元企業と市民が対話をして，地元企業の課題解決に協力するという試みも行ってみました。地元企業も地域づくりにとって欠かせない存在です。市民と会社というと一見距離がありそうですが，課題を抱えているという点では同じ立場です。企業側はできる範囲ではありますが，自分達の課題をオープンにしていくことで市民一人ひとりとのつながり感が出るでしょうし，市民はそういった地元企業に対してもできることはあるのだという経験になりさらなる地域とのつながりを感じられると考えています。

　以上の3つが枠組です。定期開催を横のつながり，市議会とのつながりを縦のつながり，地元企業とのつながりを斜めのつながりだと考えています。

２．中身（運営の実践）
（1） スモールステップとプロセス重視

　地域づくりの話合いをするにはスモールステップで準備が必要です。クラス会議の手法はこれにも適しています。クラス会議では，個人の課題とクラスの課題の話合いがあります。瀬戸みんなの会議では，まずは個人の課題について必ず話合いをしてもらいます。個人的な課題を共有することで，自分が課題を出した側であれば，他者に話すことによって気持ちが楽になるという経験や，他のみんなが色々考えてくれたときにどんな気持ち

第6章　ウェルビーイングと地域づくり　121

になるかということを経験できます。また，課題を出していない人も，自分と同じように考える人がいるんだと思ったり，そんな風に考える人もいるんだなということに触れることができます。また，多様な意見を出すとはどういうことかということも経験することができます。ここでのポイントは，その意見をどうするかは，その当事者が選ぶということです。これがあることにより，何か正解を出そうというよりも，いろんな違った意見を出すことが大事であり，おもしろいということを学びます。こういったプロセスを踏むことで，他者に対する信頼を育み，そのベースがあった上で，地域の課題について話し合うのです。またここでも，**プロセスを通して当事者意識を高める**ことが大切だということを忘れないようにしなければなりません。何かすばらしいアイデアが解決に導くのではなく，**みんなが当事者意識を持ち，他者に関心を持ち，関わることで解決に結びつくの**だということを大切にする必要があります。

（2）　大人と子どもが一緒に話し合う

　子ども達が地域の課題を考えるような場にいるとき，時折それが子ども達だけで行われており，周りに大人達が立って見ているという場面をよく目にします。しかし，それではいけません。みんな地域の当事者として対等な立場にいるのです。子ども達が大人達と混じって一緒に話し合うことで，「自分達もやるんだ！」という当事者意識を持つことができますし，対等感も育まれます。IT や AI の発達により，知識は大人と子どもの差を縮めました。だからこそ大事なことは，アイデアを出すということよりも当事者意識を高めるということなのだと考えています。地域づくりは継続的なものです。子どもの頃から関わり，学んでいくことは非常に有効なのではないでしょうか。

（3）　形式の共有

　多様な人達が集まるからこそ，一定の形式を共有することは大切です。

やり方に戸惑うストレスがないからこそ自由で柔軟な発想につながります
し，なによりその場が安心の場となります。今はまだこの実践は瀬戸ツク
ルスクールのメンバーと保護者だけですが，今後は地域，さらに地域企業
につなげていきます。参加者が共通形式を身につけることで，ストレスが
減り，効率的，効果的かつ楽しい時間とすることができます。

以上の3つの枠組と3つの中身をベースに瀬戸みんなの会議を通して**地域
づくりを促進し，コミュニティ ウェルビーイングにつなげていきます。**

5 キャリア ウェルビーイング，コミュニティ ウェルビーイングと 学級経営の共通点

私なりに学級経営につながるキーワードを挙げてみます。
自己決定度，対等感，当事者意識，つながり感，スモールステップ，プロ
セス重視，習慣化，目的の確認，失敗の受容，他者への関心。
今回は学校外についての実践紹介でしたが，これらのキーワードは学級経
営にも通じるものなのではないでしょうか。そして，これらを育むことが，
現在の学級の課題，学校の課題だけではなく，地域の課題解決にまでつなが
っていくのです。

瀬戸市の違う小中学校で学んだ子ども達が，たまたま同じ会社に入社し，
会議を始める前に，まずは個人の課題を話合い，温かな，安心・安全の空気
感のもとで会社の課題を話し合っている。とあるマルシェで，気がついたら
みんなで輪になって，地域の課題について笑顔で話し合っている。そんな未
来を思い描きつつ，様々なことにチャレンジしていきます。

（一尾　茂疋）

【引用・参考文献】

1） マーティン・セリグマン，宇野カオリ訳（2014）『ポジティブ心理学の挑戦―"幸福"から"持続的幸福"へ』 ディスカヴァー・トゥエンティワン

2） NEC ソリューションイノベータ HP「ウェルビーイングとは？」
https://www.nec-solutioninnovators.co.jp/sp/contents/column/20230210_well-being.html

3） 西村和雄，八木匡（2018）「幸福感と自己決定―日本における実証研究」独立行政法人経済産業研究所

・内田由紀子，ジェルミー・ラプリー（2023）「教育政策における ウェルビーイング」文部科学省

・政府統計の総合窓口　e-Stat

・佐々木正美（2021）『子どもの心が見えてくる ―エリクソンに学ぶ』ゆいぽおと

・野田俊作監修，ヒューマン・ギルド出版部（1986）『アドラー心理学教科書』ヒューマン・ギルド出版部

・ローレンス・コールバーグ，アン・ヒギンズ，岩佐信道訳（1994）『「道徳性の発達と道徳教育」―コールバーグ理論の展開と実践―』麗澤大学出版会

・ジェーン・ネルセン，リン・ロット，H．ステファン・グレン，会沢信彦訳（2000）『クラス会議で子どもが変わる：アドラー心理学でポジティブ学級づくり』コスモス・ライブラリー

第7章

ウェルビーイングを高める教室の構造

7 ウェルビーイングを高める教室の構造

「緊急性×重要性」を見誤らない教師が
幸せな教室をつくる

Point
- 私達のウェルビーイングが高まらない理由は優先順位にあった
- 子どものウェルビーイングを高めるポイントはつながりにあった
- 子どものウェルビーイングを高める教師は「しつけ」をしている

1 あなたの「大きな石」

　ここにバケツが一つあります。バケツの中には，大人の拳くらいの石がいくつかと，そしてそれよりも小さな砂利と呼べるくらいの大きさの石が入っていていっぱいになっています。中身を一度全部出してから，もう一度全部をバケツの中に戻すとします。手あたり次第に作業を進めると，大きな石の数個はバケツに入りません。そこで，再び中身を出し，やり直しをします。今度は，大きな石から入れて，大きな石が全部入ったら砂利を入れます。すると今度はどうでしょう。大体の石はバケツに収まります。

　これは，自己啓発書として世界的ベストセラーとなった『7つの習慣』の著者，コヴィー（スキナー・川西訳，1996）[1]が，スケジューリングについて説明するときに用いる例えです。大きな石は重要事項，砂利はそれほど需要ではないことです。スケジュールを決めるときに，あまり重要ではない予定を先に入れてしまうと，重要な予定が入らなくなってしまいます。だから，まず重要な予

定を入れてから、そうではない予定を入れると、大事なことを落とさずに、生活できるということです。

　このことはスケジューリングだけでなく、私達の生活の様々なことにおいても言えそうです。目先の欲望にとらわれて、過食したり煙草を吸ったり、睡眠不足を重ねたりすると健康を害してしまいます。また、仕事やあまり重要ではない付き合いに時間を割いていると、大事な人との信頼にひびが入ってしまうこともあるでしょう。

　こうした考え方をもとにコヴィー（前掲）は、「時間管理のマトリックス」を作成しています（図1）。縦軸が重要度、横軸が緊急度を示します。縦横2本の軸で4つの部屋ができます。左上の部屋（第一領域）が緊急かつ重要な事項、右上（第二領域）が緊急ではないが重要な事項、左下（第三領域）が、緊急であるが重要ではない事項、右下（第四領域）が、緊急ではなく重要でもない事項です（コヴィー・前掲）[2]。私達はとかく、第一領域にとらわれてしまいがちです。第一領域は、私達の視野を狭くし、やがて、生活全体を圧迫し、私達は振り回され、疲弊してしまうことでしょう。

図1　時間管理のマトリックス
（コヴィー，1996をもとに筆者作成）

　私は近年の学校教育を見ていると、第一領域に過度に集中しているように見えて仕方ありません。時数確保、学力向上、様々な文書の締め切りなどなど、ノルマが膨大に課されている一方で子どもの問題行動や保護者からのクレームにも対応しなくてはなりません。そして、学校や教員の身分や職務を守るはずの働き方改革すらノルマとなり、学校現場で働く人達を追い詰めるという笑えないジョークのような状態になっています。こうした重要なこと

を大事にできないことの連続が，今の学校の息苦しさをつくり出しているのではないでしょうか。

　コヴィー（前掲）は，「第二領域を行っていけば，効果性は高まり，それに伴って第一領域の問題は徐々になくなってくるだろう。そして，やがてそれは，対応できる範囲内に収まることになるだろう。なぜなら，あなたは問題の根っこに働きかけているのであり，問題が発生する以前に，それを防ぐ活動を実施しているからである」と言い，第二領域への集中が大事だと説きます[3]。

　もし，あなたが，子ども達は思ったように育たず，保護者や同僚から言われたくないことを言われ，毎日多忙感に振り回されるばかりで，充実感ややりがいを持てずにいるとしたら，それはひょっとしたら優先順位を誤っているのかもしれません。例えば，クラスに不適応を起こしている子がいるとします。担任がその子の対応に追われていたらどうでしょう。遅かれ早かれクラスは荒れ，さらに回復が難しい事態に陥ることとなるでしょう。しかし，担任がクラス全体を整えることにエネルギーを注いだならば，子ども達の日常は安定し，問題の発生率は下がります。遠回りをしているようでいて結果的に負担は減ることになるでしょう。

　あなたの仕事における優先順位の高い項目はなんですか？あなたが，一生懸命取り組んでいるにも関わらず，あなた自身のやりがいや子ども達のウェルビーイングが高まっているように感じていなかったとしたら，優先順位を見直した方がいいのかもしれません。

2　世界の中の日本の幸福度

1　世界における日本の幸福度

　「World Happiness Report（世界幸福度報告書）」の2024年版が，国連の「国際幸福デー」だった3月20日に発表されました[4]。この調査は，国連の持続可能な開発ソリューション・ネットワーク（SDSN）やオックスフォー

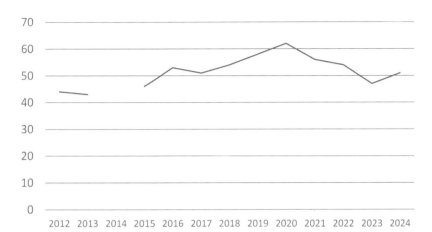

図2　世界幸福度報告書における日本の順位の推移
「World Happiness Report（世界幸福度報告書）」より

ド大学ウェルビーイング・リサーチ・センターなどが協力して行っているものです。2012年から（2014年は実施されず）各国の約1000人に「最近の自分の生活にどれくらい満足しているか」を尋ね，0（完全に不満）から10（完全に満足）の11段階で答えてもらう方式で国ごとの幸福度を測定しています。

2024年度の発表（143か国対象）では，1位フィンランド，2位デンマーク，3位アイスランドでした。フィンランドは7年連続1位であり，2020から23年のランキングと同様に，北欧各国が上位を占める結果となりました。

今回の調査では日本は51位で，主要7か国（G7）で最下位でした。日本は2016年から2022年まで50位から60位くらいを推移していましたが，2023年は一旦40位台に復帰しました（図2）。これは新型コロナウイルスのパンデミックやロシアのウクライナ侵攻など，他国と自国を比べ「自分の国の方が良い」と感じる機会が多かったこともあり，主観的満足度が向上したことがその要因だと考えられています。2023年のスコアはコロナショック明けのボーナスみたいなところがありますから，近年の日本の平均的な幸福度ランキングは，50位台半ばであり，今回の結果は順当なところに戻りつつあること

第7章　ウェルビーイングを高める教室の構造　129

の表れなのかもしれません。

　この報告書は，一人あたりの GDP，社会的支援，健康寿命，人生の選択の自由度，寛容さ，腐敗の少なさという6つの指標によって幸福度を測定しています。日本は一人あたりの GDP，健康寿命は上位の国と同等か，それ以上ですが，人生の選択の自由度や腐敗の少なさなどには課題が指摘されています。

2　日本の幸福度の内訳

　日本の幸福度について大まかな様子を把握することはできたことでしょう。しかし，かなりぼんやりしているので，もう少し解像度を上げてみたいところです。日本の幸福度の内容を知るときに次の資料が役立つのではないでしょうか。

　図3は，2020年に公表された「How's Life」における日本の Better Life Index の分析結果について，他の OECD 加盟国と比べた相対的な日本の強みと弱みを示したグラフであり，バーが長い指標は他国より優れている（幸福度が高い）ことを，バーが短いと劣っている（幸福度が低い）ことを示しています（「*」が付いている項目は反転項目）。ストライプのバーは不平等を示す指標なので，バーが長いほど幸福度が低いこと

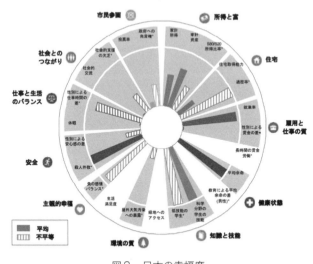

図3　日本の幸福度
（OECD　Better Life Index
2020年版日本に関する資料より）

を示します。データがない指標は白く表示されています。見ての通り，日本の Better Life Index は指標によって大きくばらつきがあります。例えば，「就業率」，「平均余命」などは非常に良い結果ですが，「過密率」，「休暇」，「負の感情・バランス」などは OECD 平均よりも大きく劣っています（以上，「How's Life in Japan（OECD Better Life Initiative，日本に関する資料）より）[5]。

　これを見ると，幸福度を示す11の指標のうち，バーが比較的長いのが，所得と富（家計所得，家計資産の多さ），健康状態（平均余命），雇用と仕事の質（就業率），知識と技能（科学分野の学生の技能），安全（殺人件数の少なさ）です。日本の強みは，比較的に経済的に豊かで，健康で，仕事に就くことができていて，高い教育力を持ち，安全な国として評価されていると言えます。

　しかし，一方でバーが短いところやストライプのバーの長いところが日本の幸福度における弱みであり課題と言えます。バーが短いのは，①雇用と仕事の質（性別による賃金の差），②仕事と生活のバランス（休暇），③社会とのつながり（社会的交流），④市民参加（投票率）です。日本は，性別による賃金の差があり，休日や一日における余暇や身の回りのことに使う時間が短く，社会的な関わりが少なく，また，投票行動をあまりしないという国であると示されています。

　ストライプのバーが長いのは，①所得と富（S80／S20所得比率），②住宅（過密率），③知識と技能（低技能の学生），④主観的幸福（負の感情のバランス），⑤仕事と生活のバランス（性別による仕事時間の差），⑥社会とのつながり（社会的支援の欠乏），⑦市民参加（政府への発言権）です。ストライプのバーは，不平等な状態の程度を示していますから，実態に格差があり，それが実現されていない人達が無視できない程度に一定数以上いるということです。

　S80／S20所得比率とは，下位20％の家計所得で割った上位20％の家計所得の数値ですから，これが大きいほど，所得格差が大きいということになり

ます。かつて日本は，１億総中流と言われ，所得格差の少ない国だったのですが，それは既に過去の話と言えそうです。また，住宅取得能力は低くないので大抵の人達は住宅の確保はできていますが，その中には過密状態で生活している人達が一定数以上いて，快適とは言えない住宅環境で生活していることがうかがえます。

　また，知識と技能に関しては，PISA の結果を反映していると思われますが，科学分野の学生の技能は平均的に高いにも関わらず，読解力，数学，科学の能力において基本的な学力水準に達していない学生達が一定数以上見られることを示しています。つまり，日本の教育システムは世界的に見て成功していると指摘されることがありますが，PISA で高い平均点を示しながら，子ども達の内部では学力格差があるということでしょう。

　11の指標の中で，直接的に感情面にアプローチしているのが，主観的幸福感における負の感情のバランスです。これは，昨日と比べて前向きな感情よりも負の感情を持つ人との比率を示しています。幸福感の高い人達がいる一方で，ストレス，悲しみ，怒り，不安といった負の感情を感じている人達も相当数いることがわかります。

　賃金や生活における安心感にも性差が顕在化していますが，男女差は，労働時間にも表出しています。「性別による仕事時間の差」とは男女が仕事以外の活動にどれくらいの時間が割けるかを図っています。具体的にはそれぞれの性差ついて示されていませんが，労働時間に大きな性差があることがわかります。賃金，労働時間，生活上の安心感に女性が何らかのハンデを背負っているような状況が想定されます。

　さらに，社会的支援が欠乏している人達も一定数います。これは，困ったことがあったときに頼ることができる友人や親戚がいない人の割合が高いことを示しています。社会的交流，つまり友人や家族との交流が平均的に少ない状況で，困ったときに助けてくれる人がいるかどうかという点において格差が見られます。

3 格差に不満を募らせ，それを解消する術を持たない国，日本

　これらの調査から見える日本は，IMF（国際通貨基金）が発表した国内総生産（GDP）ランキングで，2024年は世界4位でした。3位だったこれまでより一つ順位を落としたとはいえ，経済的には豊かであることは変わりません。しかし，上記の調査結果からは，その豊かな経済活動は長時間労働によって支えられ，所得や労働時間には格差があり，それは男女間で顕在化しているようです。女性がハンデを背負っていることが推察されました。そうした所得格差は，住宅環境の格差につながっているのかもしれません。また，親の収入や学歴が，子どもの学力に影響することが指摘されていますから，この問題は学力格差とも関わりがありそうです。

　格差は社会の様々なところに出現していることがわかります。今述べたように経済格差，働き方格差だけでなく，学力格差や社会的支援の格差もありました。こうした格差の存在が，不十分であると認識している人達のストレスや怒りなどの負の感情を募らせている上に，困っていることを相談する相手もいないとなると，主観的幸福感も下がるであろうことは想像に難くありません。不満を政治に訴えようにも政治家は信用がならず，訴えることもしないし，投票行動もしません。変化を起こせない，起こそうとする気にもならない空気感が，人生の選択の自由度がないという閉塞感にも影響しているのかもしれません。こうした社会の格差の所在だけでなく，それを解消する術の不在が，あきらめを生み，あきらめは格差のさらなる増大を促し，幸福感がさらに失われるという悪循環の構造が見えます。

　経済的に豊かで住むところも確保され，体も健康で寿命も長いのにも関わらず，長時間労働に晒され，経済，住宅，人間関係などなど様々なところで格差を感じ，不平不満，怒りを解消する術もなく，ネガティブな感情を募らしている人が一定数以上いるだけでなく，そこから抜け出すことが困難になっているのが国際調査から見える私達の国の姿と言えるのかもしれません。

第7章　ウェルビーイングを高める教室の構造　133

3 経済発展は幸福度を高めるのか？

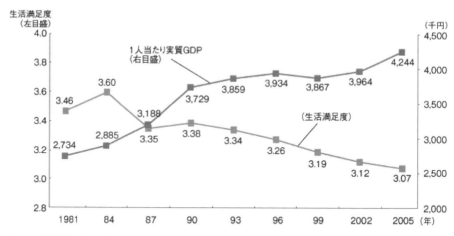

図4　生活満足度及び1人当たりの実質GDPの推移（内閣府「平成20年版国民生活白書」より）

　私達の国が戦後，経済発展を軸に幸福を追求してきたことは疑いようのない事実です。多くの国民が所得が増えれば，幸せになれると信じて国づくりをしてきたのです。ここに少し古いですが，興味深いデータがあります。内閣府の平成20年版国民生活白書における生活満足度及び1人当たり実質GDPの推移です（図4）[6]。内閣府の国民生活に対する世論調査では，幸福度の一指標として「生活満足度」に関する質問をしてきました。「あなたは生活全般に満足していますか。それとも不満ですか。（○は一つ）」と尋ね「満足している」（5点）から「不満である」（1点）まで5段階で回答されたものを指標化したものです。

　本調査では，1人当たりのGDPの増加に対して，生活満足度が高まっているどころか下降線をたどっていることがわかります。本白書ではこうした現象について「他の先進諸国でも見られる「幸福のパラドックス」と言われる現象であり，わが国においても日本の1人当たり実質GDPの動きと満足度の動きは正の相関をしておらず，経済成長が日本国民の生活全般の満足度

につながらなくなっている」と指摘しました。

　このデータを見ると，「日本はお金持ちにはなったが，心は満たされなかった」と言わざるを得ません。どこかで大きな石と小さな石を取り間違えたのでしょうか。なぜ，経済的な豊かさは幸福度の向上につながらないのでしょうか。ウェルビーイングの研究を進める鶴見ら（2021）は，経済発展は幸福度との正の相関を認めつつ，一方で，大気汚染や水質汚染などの公害に結びついたり，所属増大のための長時間労働によって，健康を害す，生活と仕事のバランスを崩す，家族や友人との交流が不十分になる，子育てに困難が生じるなどの幸福度を下げる要因も生じ，プラスの影響とマイナスの影響が打ち消しあって，幸福度が上昇しないという見解を支持しています[7]。

　また，鶴見ら（前掲）は，こうした経済発展が必ずしも幸福度にとってプラスの影響があるわけではないという議論に納得しながら，さらに「経済発展は人間関係を希薄化させてきた」という指摘に注目します[8]。「人とのつながり」は学問的には「社会的資本」を呼ばれ，困ったときに頼りなる人の存在，信頼できる人の存在，ボランティアや地域の活動への参加などによる人や社会とのつながりがその具体例として挙げられます（鶴見ら，前掲）[9]。

　鶴見ら（前掲）は，良好な人間関係は健康と幸福感にプラスの影響を与えること，健康は多くの研究で幸福度の主要な決定要因であること，人間関係が良好でない場合には幸福度を高く保つことが難しいことを指摘しています[10]。

　先ほども述べたようにフィンランドは，世界幸福度報告書において7年連続1位です。鶴見ら（前掲）は，独自のアンケートによって，フィンランドと日本の「人とのつながり」に関する調査をしました。人との関係性に関する指標について1から5の5段階で尋ね，その結果を図5のようなグラフに示しました[11]。

　ここからわかるように，周囲の人達との関係性への満足度や信頼度はフィンランドの方が高いことがわかります。また，障害のある方とない方が平等に生活している度合いを示す「ノーマライゼーション」のスコアでも，フィ

第7章　ウェルビーイングを高める教室の構造　135

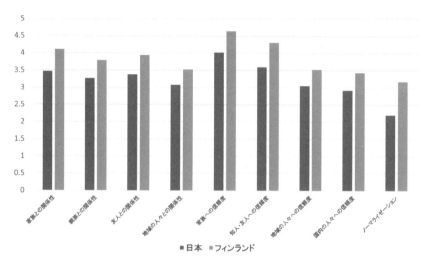

図5　日本とフィンランドの人とつながりの平均値（鶴見ら，2021をもとに筆者作成）

ンランドは日本を引き離しています。鶴見ら（前掲）は，「フィンランドの事例から助け合いの精神や利他的な行動を行うことが人々の幸福度を高める効果が指摘されている」とこの調査に関する記述を締めくくっています[12]。

　人の健康や幸福，成功，人間関係の向上について心理学，神経科学，医学の視点化から研究するマクニゴガル（神﨑訳，2019）は，「周りの人をいたわるとき，わたしたちの体の生理状態には変化が起こり，希望や勇気の感情を生み出す脳のシステムが活性化する」とし，「周りの人を助けることも，慢性のストレスや心的外傷性ストレスによる害から身を守る」と言います[13]。私達の体には，誰かに助けてもらうことはもちろんですが，誰かを助けることも精神的エネルギーを生み出し，幸福感を高めるメカニズムがあるようです。

　私達日本人は，仲の良いことを大事にしているようですが，幸福感を高める良好な関係とは，単なる「仲良し」にとどまるのでなく，お互いの気持ちや考えを共有しながら思いやりの心を育み，理解し合い，前向きで建設的なコミュニケーションが取り合えるような関係性，つまり共感的な人間関係を

築くことが大切だと言えないでしょうか。

4 子どもの幸福度を高めるための「大きな石」

　長い前置きをしたように思われるかもしれませんが，学級経営におけるウェルビーイングについて考えるため前提をお伝えするのに，ここまでの十数ページを必要としました。日本の学校教育は，教科指導，学力向上への志向性が高く，子ども達の関係性を築くことよりも学力をつけることに関心を向けがちです。戦後からの国づくりの方向性が，経済発展を優先して，人々のつながりを個人の責任に追わせてしまったがために，「お金持ちになったけど幸福度は高まらない」という皮肉な構造をつくり出してしまったわけです。

　学校教育も同じようなことをしているような気がします。学力向上が子どもの幸福につながるならば，学力を高めるための取組を懸命にやっている学校は，子どもにとって幸福感の上がる場所であり，小中学校の不登校児童生徒が約30万人になるというような事態にはならなかったのではないでしょうか。学校における優先順位を上げるべき重要事項，つまり「大きな石」は何なのでしょうか。

　ユニセフ・イノチェンティ研究所は，先進国の子ども達の精神的・身体的な健康と，学力・社会的スキルについて調査結果を発表しました。そのときに用いた分析枠組みとして，図6のようなモデルを作成しました[14]。ここからわかるように，子どもの幸福という結果は，外側から，全般的な国の状況，子どものための政策，家庭や地域の資源，保護者の職場・学校・地域とのネットワーク，子ども自身の人間関係，子ども自身の行動によって影響を受けるとされています。

　個々の学校や教師が「より大きな世界」である国の状況や政策に直接関与することは難しいかもしれません。しかし，「子どもを取り巻く世界」及び「子どもの世界」とりわけ，子どもの人間関係や行動には影響できる部分が多々あるのではないでしょうか。

第7章　ウェルビーイングを高める教室の構造　137

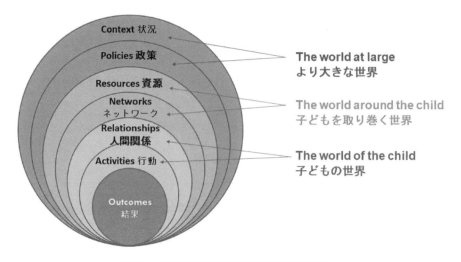

図6　子どもの幸福度の多層的な分析枠組み
（ユニセフ「イノチェンティ　レポートカード16」（公財）ユニセフ協会より）

　いや教育政策においては，主体的・対話的で深い学びや協働的な学びを打ち出しているわけですから，学力向上を志向していても，対話や協働が適切になされていたら人間関係は建設的に築かれ，子どもの幸福度は高まり，学校に行かないという選択をする子どもはもっと減るはずだと思われます。そうなっていないとしたら，政策の実現の仕方に問題があるのかもしれません。「授業で子ども達はいっぱい関わっていますよ，でも，不適応は減らないのです」と言う教育関係者もいるでしょう。もちろん，適切なことをやっていても全ての子どもに等しく教育効果が表れるわけではありませんが，不適応の子どもの出現頻度が高い教室では，「関わっているがつながっていない」という状態や，「仲は悪くないが，助け合ってはいない」という状態である可能性があります。

　では，教室において，お互いの気持ちや考えを共有しながら思いやりの心を育み，理解し合い，前向きで建設的なコミュニケーションが取り合えるよ

うな関係性を築くにはどうしたらいいのでしょうか。石丸・池田（2017）は，共同体感覚を高める実践を行うことによって，子ども達のウェルビーイングや幸福に生きることの可能性を増大させることを指摘しています[15]。共同体感覚とは，対人支援や子どもの学校適応に豊富な実践的エビデンスが報告されているアドラー心理学の治療や教育の目標であり，「自分のことだけを考えるのではなく，他の人にも関心をもっていること」や「他の人の耳で聞き，他の人の心で感じる」ことで相手の立場に身を置き，自分を相手と同一視し，共感することが，共同体感覚の基礎であり，共同体感覚の許容しうる定義」と説明されています（アドラー，岸見訳，1996）[16]。共同体感覚は複合的な概念ですが，他者への信頼や貢献や自己受容などの感覚から構成されると考えられています。社会や他者とのつながりや信頼を基盤に自分を受け入れる感覚を持っていることが，個人のウェルビーイングに影響するという構造は，これまで本章で述べてきたことと一致します。

　共同体感覚を高める実践として知られているのが，本書の他の章でも取り上げているクラス会議です。クラス会議とは，クラスの生活上の諸問題やクラスメートの個人的な悩みを民主的な手続きや作法で解決する活動です。以前よりも学級経営の民主化が進んだとはいえ，まだまだ教師主導のクラスが多いのが実情です。クラスは小さな社会ですから，問題や葛藤は日々生じます。しかし，ほとんどのクラスでは，それを訴えたり相談したりして解決や解消をする場がないのです。悩み事を相談したりする仲間や，不満を解消したりする場がない，わが国と同じ状況が教室でも起こっていると考えられます。クラス会議が，子ども達に支持される理由は，集団生活のストレスの解消や葛藤の解決の場として機能しているからではないでしょうか。

　子ども達は，話合いを通じて，互いが対等であることや他者を責めても罰しても問題は解決しないこと知ったり，他者とより効果的にコミュニケーションするための方法を学びます。ここで子ども達が体験を通して学ぶものは，他者とつながって生きることの価値や態度，スキルです。クラス会議はただ話し合っているだけではなく，話合いをしながら人と共感的な関係を築くに

はどうしたらいいかについて具体的に学びます。

　このクラス会議というシステムにちりばめられている価値，態度，スキルはポジティブディシプリンと呼ばれています。クラス会議がポジティブディシプリンを学ぶ機会だと捉えられがちですが，実際は，クラス会議はポジティブディシプリンでつくる学級における象徴的な実践と言った方が正しいように思います。

　クラス会議はウェルビーイングを高めるためにとても有効な実践ですが，重要な課題が指摘されています。それは時間の確保です。クラス会議は話合い活動だから学級活動で実施したとします。しかし，学級活動は年間35時間しかありません。その35時間にしても教科指導の補填にあてがわれたり，行事などの事前，事後指導に使われたりして話合い活動ができないことがあります。したがってクラス会議だけで，ポジティブディシプリンの学級経営をすることは現実的ではありません。ポジティブディシプリンを，カリキュラム全体で実践し，経験値を高め，その価値，態度，スキルを意味づけたり深めたりする時間をクラス会議にした方が，より現実的で効果的です。ポジティブディシプリンをカリキュラム全体で取り組む実践プランの具体については，３章（水流卓哉執筆）をご覧ください。

　本章で強調しておきたいのは教師の在り方です。教室においてもっとも影響力のある教師の在り方が，ポジティブディシプリンと齟齬があったら，幸福感を高める学級経営もカリキュラム運営もあったものではありません。ポジティブディシプリンを実現する働きかけとしては勇気づけがあります。勇気づけとは，アドラー心理学における共同体感覚を高めるための知識と技能のことですが，本章では，信頼と尊敬を基盤につながり，対象の問題解決の意欲を高める働きかけとしておきたいと思います。共同体感覚を高めるカリキュラム運営には，子どもを常に勇気づけようとする教師の働きかけが求められます。

　勇気づけには具体的な技法があります[17]。紙幅の都合で，分類とサンプルのみ示します。

1 信頼，尊敬を示し，対等に接する
「きっと，〇〇さんならできる」「〜してもらえると助かるよ」などと信頼を伝える。命令をせずに依頼をする。

2 貢献や協力に注目する
「あなたのおかげでとても助かったよ」「力を合わせることができたのがすてきだね」などと他者とのつながりに焦点を当てる。

3 失敗を受容する
「そいうときもあるよ」「この次はどうしたらいいか一緒に考えようか」などと感情を受け止め，リカバリーの仕方に注目する。

4 努力や過程を重視する
「ずいぶんしっかり考えたね」「ここまでよく頑張ったね」などとそこに至るまでの姿勢を大切にする。

5 成長やできている点に注目する
「とっても進歩したね」「こことっても丁寧に取り組んだね」などとたとえ小さくともポジティブな出来事にフォーカスする。

6 長所能力に注目する
「気が小さいんじゃないよ，慎重なんだよ」「手伝ってくれるなんて優しいね」などと良さを見つける。

7 ありのままを受け入れる
「ときどき失敗もあるけれど，先生は今のあなたが好きだよ」と子どもの不完全さを受け入れ「不完全でも良い」と伝える。

8 行為と人格を分ける
「あなたのことは信じているけよ，でも今回やったことは謝った方がいいよ」などと行為は正すが，人格は否定しない。

9 ポジティブな表現を使う
「集中力がないんじゃないよ，よく気がつくんだよ」「気が小さいんじゃないよ，慎重なんだよ」と見方を変えてプラスの言葉を使う。

第7章　ウェルビーイングを高める教室の構造　141

10 反映的な聞き方をする

「そうか，そうだったんだ」「それはとってもつらかったね」などと，感情を理解し，それを返す。

11 感謝する

「〜してくれてありがとう」「とっても嬉しい」などと貢献を伝える。

12 意見言葉，Iメッセージを使う

「その意見には賛成できないな」「私は……と思っているよ」などと自分を主語にして決めつけないようにして伝える。

13 相手に判断を委ねる

「あなたはどう思う？」「一番良いと思うことは何？」と相手に信頼を伝える。

14 教師がモデル行動をする

自分から挨拶，ごみを拾う，元気づける声をかけるなど他者をつなぐ適切な行動を率先垂範する。

15 ユーモアがある

ポジティブに自己開示をしたり相手を笑顔にする。

16 共感する

「そうだったんだ，それはつらいね」「よかったねえ，うれしいね」などと相手の感情，立場を共有し理解する。

これらはあくまでもサンプルです。子どもや周囲の人達を勇気づけるときの参考にしていただければと思います。しかし，このような「言葉だけ」を使ったからといって必ずしも相手が勇気づくものではありません。勇気づけが，その目的を果たすためには対象との良好な関係性が必要です。関係性が良好になればなるほど勇気づけは機能します。やがて，こうしたテクニック的なことは必要なくなることすらあります。あなたの存在そのものが勇気となるからです。

「では，良好な関係性をどう築いたらいいか」と思われたことでしょう。その問いに対する答えはシンプルです。相手を勇気づければいいのです。そ

142

うすることで良好な関係が構築されていくことでしょう。「言葉だけ」ではない，相手に対する尊敬と信頼にもとづいた勇気づけが相手の勇気となったとき，あなたへの尊敬と信頼として返ってくることでしょう。

　教師と子どものウェルビーイングが高まる教室は，教師と子どもの考え方，態度，言葉や行動が，他者を尊重し互いに共感し合うように教育活動が展開される構造を持つものだと考えられます。ウェルビーイングの向上は，緊急度は高くないように思えるかもしれません。しかし，そうした重要事項を後回しにしてきた結果が，今の学校の姿だと言えないでしょうか。これからの教育活動を構想するときに「大きな石」は何か，見誤らないようにしたいものです。

（赤坂　真二）

【引用・参考文献】

1) スティーブン・R. コヴィー，ジェームス・スキナー訳，川西茂訳（1996）『7つの習慣』キングベアー出版
2) 前掲1）
3) 前掲1）
4) ギャラップ，オックスフォードウェルビーイング研究センター，国連持続可能な開発ソリューションネットワーク，WHR 編集委員会「世界幸福度報告書2024」オックスフォードウェルビーイング研究センターhttps://worldhappiness.report/（2024年3月22日閲覧）
5) OECD「より良い暮らし指標（Better Life Index：BLI）について　2020年度版日本に関する資料（日本語）」https://www.oecd.org/tokyo/statistics/aboutbli.htm（2024年3月12日閲覧）
6) 内閣府「平成20年版国民生活白書　消費者市民社会への展望−ゆとりと成熟した社会構築に向けて−」https://warp.da.ndl.go.jp/info:ndljp/pid/9990748/www5.cao.go.jp/seikatsu/whitepaper/h20/01_honpen/index.html（2024年3月13日閲覧）
7) 鶴見哲也，藤井秀道，馬奈木俊介（2021）『幸福の測定―ウェルビーイングを理解する』中央経済社
8) 前掲7）
9) 前掲7）
10) 前掲7）
11) 前掲7）

12) 前掲7）

13) ケリー・マクゴニガル，神﨑朗子訳（2019）『スタンフォードのストレスを力に変える教科書』大和書房

14) ユニセフ・イノチェンティ研究所，公益財団法人 日本ユニセフ協会 広報室訳（2021）「イノチェンティ レポートカード 16 子どもたちに影響する世界一先進国の子どもの幸福度を形作るものは何か 日本語版」公益財団法人 日本ユニセフ協会（ユニセフ日本委員会）https://www.unicef.or.jp/library/pdf/labo_rc16j.pdf（2024年3月22日閲覧）

15) 石丸秀樹，池田誠享（2017）「共同体感覚と生活充実感の関連」鳴門生徒指導研究 / 鳴門生徒指導学会編（27），pp.29-39

16) A．アドラー，岸見一郎訳（1996）『個人心理学講義—生きることの科学』一光社

17) 以下の文献から勇気づけに関する項目を抽出した。

岩井俊憲，永藤かおる（2013）『子どもを勇気づける教師になろう！—アドラー心理学で子どもが変わる』金子書房

ドン・ディンクマイヤー・ジュニア，ジョン・カールソン，レベッカ・E・ミシェル，浅井健史訳，箕口雅博訳（2019）『学校コンサルテーションのすすめ方—アドラー心理学にもとづく子ども・親・教職員のための支援』遠見書房

赤坂真二（2019）『アドラー心理学で変わる学級経営』明治図書

ジェーン・ネルセン，リン・ロット，H・ステファン・グレン，会沢信彦訳（2000）『クラス会議で子どもが変わる—アドラー心理学でポジティブ学級づくり』コスモス・ライブラリー

会沢信彦，岩井俊憲（2014）『今日から始める学級担任のためのアドラー心理学』図書文化社

赤坂真二（2010）『先生のためのアドラー心理学』ほんの森出版

ルドルフ・ドライカース，パール・キャッセル，松田荘吉訳（1991）『やる気を引き出す教師の技量』一光社

野田俊作（2017）『勇気づけの方法』創元社

古庄高（2011）『アドラー心理学による教育—子どもを勇気づけるポジティブ・ディシプリン』ナカニシヤ出版

アレックス・L・チュウ，岡野守也訳（2004）『アドラー心理学への招待』金子書房

岩井俊憲（2011）『勇気づけの心理学』金子書房

岩井俊憲（2010）『勇気づけのリーダーシップ心理学』学事出版

野田俊作，萩昌子（2017）『アドラー心理学でクラスはよみがえる』創元社

ドン・ディンクマイヤー，ゲーリー・D・マッケイ（1976）『子どもを伸ばす勇気づけセミナー STEP ハンドブック』発心社

第8章

対談
教室のウェルビーイングを守り育てる教師と学級の在り方

＃ 8 対談

教室のウェルビーイングを守り育てる
教師と学級の在り方

1 自己選択や自己決定を拡張するファシリテーション

赤坂 ここからは，皆さんが担当された原稿の内容について，少し整理していただき，さらに書き足りなかったことを補足していただき，深掘りができればいいなと思っております。

それでは，第1章を担当した阿部先生から順番に話してもらいたいと思います。

阿部 大きく3つの流れにまとめました。最初は「ウェルビーイング」という言葉の起源をまとめるところから始めていきました。次に，執筆者の皆さんが，それぞれの立場から原稿をまとめてくださると思っていたので，ウェルビーイングと学級経営の関わりを大局的な視点からまとめてみました。併せて，最近私が推しているファシリテーションについても強調して述べるようにしました。

赤坂 ファシリテーションのどの部分がウェルビーイングにつながっていくのか具体的に述べていただけますか。

阿部 昭和から平成の学級経営と令和の学級経営を比べて，変化が必要ではないかという提案をまとめました。子ども達の自己選択や自己決定できる能力を高めていくことが，ウェルビーイング向上に関与していると考えています。そこで，集団の中で自己選択や自己決定を促していくファシリテーションの考え方や技術を，集団の中でうまく活かし，機能させていくことによって，ウェルビーイングの動力源としてうまく使えるのではないかという形で結びつけていきました。

赤坂 ありがとうございます。では，阿部先生のお考えだと，教師のはたら

きかけとしてウェルビーイング向上の一つのポイントは自己決定性にあり，その自己決定性を子ども達に保障していくことが大切であるということでしょうか。その具体例がファシリテーションではないかということでしょうか。

(阿部)　そうですね。ファシリテーションの考え方や技術を生かすことによって，自己選択や自己決定の２つを引き伸ばしていくことが可能になると考えます。

(赤坂)　主張におけるキーワードを絞って語っていただいたので，とてもわかりやすかったです。

2　ウェルビーイングの高い子どもの共通点

(赤坂)　それでは，第２章の佐橋先生，お願いします。

(佐橋)　今年度，このメンバーの中で現時点では学級担任をしているのが自分だけだと思うので，現場の子ども達の様子が伝わるようにしたいという思いから主に実践をまとめました。ウェルビーイングについての研究だけではなくて，子ども達の実際の様子や日記の記述から，ウェルビーイングが高まった子ども達には，どのような共通点があるのかということを数量的なデータをもとに見取るようにしました。

　ウェルビーイングが高まったと見なすことができる子ども達の日記をまとめていくと，２つの共通点が明らかになりました。１つ目は「仲間」とか「みんな」に目を向けていました。これは「他者への関心」とも解釈することができると思います。２つ目は「WE の視点」を持っているということです。２章の中でも書きましたが，学級で起こったことに対して，「みんなすごいな〜」と他人事で客観的に見ているのではなくて，「私たち（WE）は」という感覚を持っていたという共通点が明らかになりました。

　後半は，子ども達のウェルビーイングを満たしていく実践にはどのようなものがあるのかという具体例を挙げました。例えば，学級目標を全員の

第８章　対談　147

手で完成させたり，子ども達の言葉で学級の物語を綴っていったりした実践を載せました。そして，実践を通して子ども達の姿や成果から，ウェルビーイングの向上には他者の存在が必要であるということが明らかになりました。

赤坂　確認ですが，子どもの「ウェルビーイングが高まった」というのは，どのように判断したのでしょうか。

佐橋　今年度から全国学力調査の中に，ウェルビーイングに関する質問紙調査があるので，それを利用しました。また，分析対象とした日記については，全部で92編ありました。ウェルビーイングが向上した子ども達の認識と誰に対するものなのかという対象を順番に見ていきました。

赤坂　そうすると，学級担任として「他者へ関心」や「WE の視点」を育めるような教育活動を取り入れていくことが必要になってくるというわけですね。

3　ウェルビーイングを高めるエビデンスベースドの要因と手だて

赤坂　それでは，第3章の水流先生，お願いします。

水流　私は①ウェルビーイング向上のメカニズムについて，②ウェルビーイングと共同体感覚の親和性について，③ウェルビーイングという大きな枠組の中の共同体感覚の向上にはどのような手だてが考えられるか，この3点をまとめました。

　数は少ないものの，共同体感覚向上に寄与した研究としては，「クラス会議」「教師による勇気づけ」「SST（ソーシャルスキルトレーニング）」「協同学習」の4点が挙げられました。特に「クラス会議」と「勇気づけ」については（深見）太一先生や一尾先生，赤坂先生などスペシャリストがたくさんいらっしゃるので，今回は「SST」と「協同学習」について具体的な実践例とともにまとめさせていただきました。

　また，共同体感覚も人間関係形成能力も，１時間単位の取組で育成して

いくということは困難なことだと思いますので，学校教育全体の中で教科等横断的に取り組んでいくことが求められると思います。そこで，本書で取り上げた「SST」と「協同学習」を教科等横断的な視点で実践するためにはどのようにしたらよいかという授業展開例も合わせて掲載させていただきました。

赤坂 ウェルビーイングと共同体感覚には相関があるということが先行研究では明らかになっており，共同体感覚の向上に伴って，ウェルビーイングも向上していくということをまとめたということになりますか。

水流 はい，そうです。ですが，先行研究では，共同体感覚の向上は実証されていますが，ウェルビーイングの向上はまだ実証されていないのが現状です。だからこそ，例えば佐橋先生が用いた質問紙調査を併せて実施して，効果を検証することや，それぞれの手だてがウェルビーイングの向上に対してどのようなメカニズムで高まっていくのかというあたりはこれから実証していく必要があるかと思います。

4 誰かに話を聞いてもらえる場や環境の保障

赤坂 それでは，第4章の深見先生，お願いします。

深見 はい，お願いします。今日，ちょうど講演会で話す機会があったんですが，そのときの会の中で子ども達がスピーチをするという時間がありました。スピーチをし終えた子ども達はすごく満足そうな顔をしていました。それって，クラス会議で得られる感覚とすごく関連しているなと思っていて，やっぱり自分の話を聞いてもらうことや，耳を傾けてもらえるっていうことは，子ども達にとってとても嬉しいことなのだろうなと思いました。そんなことを原稿にもまとめてみました。

あとは，子ども達のウェルビーイングを保障する前に，「先生達のウェルビーイングが高くなっていないよね」ということも書きました。でも，それってクラス会議をやることで防げるところがいっぱいあると思うので

第8章 対談 149

す。例えば，現在働き方改革によって関わりが薄くなりがちな職員室です
が，校内研修の一環でクラス会議の手法を用いれば，互いに高め合ったり
とか，悩みを打ち明けあったりするきっかけになるんじゃないかなと思う
のです。

（赤坂） 「先生方のウェルビーイングを高める」という点についてもう少し詳
しく教えてください。

（深見） 先生達がクラス会議をやることによって，ちょっとした悩みを互いに
知ることができたり，その悩みの解決に向けて動き出せるようになったり
するというきっかけになるかと思います。

（赤坂） 先生方のクラス会議のことについては，原稿の中にもまとめられてい
ましたが，もう少し言いたいことはありますか。

（深見） 今，学校現場には圧倒的に「しゃべる時間」が不足してるんだろうな
と思います。年度末の時期に研修に行っても，「あの先生とほとんどしゃ
べったことない」という声が聞こえてくることもあるので，先生同士で関
わる機会がコロナ前ほどなくなっていたり，先生方が忙しすぎるからこそ
不足しているんだと思います。

（赤坂） その「しゃべる」「話す」といったコミュニケーション不足の構造は
教室の中でも見られるよということでしょうか。

（深見） そうかもしれないですね。コロナ禍を経てつながりやコミュニケーシ
ョンが不足していて，それに気づいている先生は手だてを打てているけど，
一方でそのまま放置している先生もいるなという印象です。

（赤坂） （深見）太一先生の主張だと，誰かに話を聞いてもらえる場や環境を
保障することによってウェルビーイングの向上に寄与するんじゃないかっ
てことですね。

5 先生達のウェルビーイング

（一尾） 質問なのですが，学校現場では，職員室や教職員のウェルビーイング

を測定するようなアンケート調査の実施はなされているんですか。例えば，第三者が介入して学校や職員室の雰囲気に関する調査を行うような機会はないのでしょうか。

佐橋　そのようなアンケート調査は経験がありますね。例えば，月の残業時間や，相談できる人はいるかどうかみたいな内容だったと思います。

深見　ストレスチェックのようなものですかね。

佐橋　そうですね。でも，そういったストレスチェックもウェルビーイングの測定に重点が置かれているわけではないですよね。

深見　そういうストレスチェックって，数値が異常であれば病院に行ってきてくださいで終わってしまうので，職員室の関係性が改善されるというものではないと思いますね。

一尾　スクールカウンセラーじゃなくて，ティーチャーカウンセラーみたいなものをつくった方がいいかもしれませんね。

佐橋　でも，おしゃべりも努力義務になっていますよね。

水流　そうですよね。業務じゃないから。

佐橋　でも働き方改革に則って早く帰ろうと思ったら，自ずとそのおしゃべりの時間が減ってしまうんですよね。

一尾　そうだよね。しゃべりなさいっていうのが業務になってしまったら，それこそ自己決定でもなんでもないですね。

赤坂　そもそも楽しくないですね。

佐橋　職員室でみんなと話さないといけないなと思っていても，気づくと時間が過ぎていて，退勤しないといけなくなってしまうんですよね。話すことっていうのが明文化されているわけでもないので，ついついそこが削れていってしまいます。

深見　だからこそ，月に1回でもクラス会議を入れることで，対話する時間を確保していこうっていうことなんですよね。

赤坂　学校のマネジメントとして，職員のメンタルヘルスって管理職は個別でケアはしてはいますが，先生同士でのカウンセリング機能を高めようと

第8章　対談　151

している職員室は少ないということが現状かもしれませんね。だから，先生方のウェルビーイングを高めていくためにも，本当は職員室も学級経営と同じで，先生同士の関係性も育てていかなきゃいけない状況になっているのでしょうね。

6 自分の行動の価値を見出す習慣「人生にご褒美を！」

［赤坂］　それでは，第5章の松山先生，お願いします。

［松山］　ここでは，ポジティブ行動支援の視点からまとめていきました。先日（2024年3月9日），上越教育大学で行われた日本学級経営学会でも話題になっていましたが，大対香奈子先生は学校適応アセスメントの三水準モデルというものを紹介しています[1]。行動的機能と社会的機能と学校適応感の三水準があって，行動的機能，社会的機能を介して学校適応感に影響していくという研究です。

　学校適応感の向上は，ウェルビーイング向上にもつながっていくからこそ，根本となる行動的機能を整えていくために，ポジティブ行動支援の実践を紹介しました。また，私はウェルビーイングを高めていくためには，自分で自己調整することが大切だと思っています。なので，その行動を整えていくために，自分自身でそういう環境をつくっていくことや，自分の行動に対して価値を見出せるようにしていくことを，学校教育でどのように教えていくかがこれから大切になってくると思っています。

［赤坂］　ありがとうございます。「自分の行動の価値を見出す」という部分について具体的に教えてください。

［松山］　私はよく「人生にご褒美を！」と言っているんですけど，例えば大人だったら，これを成し遂げたらビール！とか，旅行しよう！とか，頑張っ

---

[1]　大対香奈子，大竹恵子，松見淳子（2007）「学校適応アセスメントのための三水準モデル構築の試み」教育心理学研究第55巻，1号，pp.135-151

た自分にご褒美を与えると思います。子ども達の話も聞いてみると，ゲームを一日中やりたいとか，ちょっと極端で調整不可能なことを言ったりします。適切な行動に対して適切なフィードバックをできるようなスキルを身につけられるようにしていくことが大事なんじゃないかなと思います。

赤坂 今，子ども達はそういうことを教わっていないと思いますか。

松山 全く教えられていないと思いますね。

一尾 でも，中にはできている子もいるんじゃないですかね。全くできていないとは言い切れないと思いますし，大人になる途中でどこかで学んでいると思います。「大人はビールを飲む！」とかって，学校で教えてもらったわけじゃないですよね。だからこそ，成長の過程の中で自然と身についていくものじゃないんですかね。

松山 もちろん，全員に身についていないとは思わないですし，それは身近にそれができる大人がいて，そういう大人と触れ合っているから経験的に学べる子はいると思いますが，そういう大人に恵まれなくて学べない子も中にはいるわけです。つまり，今の日本の学校教育は適切な行動が生じている人に対して，適切なフィードバックが生じない状況なんです。

赤坂 かつての特別活動で言えば，みんなで頑張ったことがあれば「夏休み前にお楽しみ会やろうよ」みたいに，子どもも「慰労会」的なことができていましたが，今はものすごく気を遣わないとそういう活動ができない学校生活になっていますよね。膨大な内容のカリキュラムの中で子ども達は勉強を「頑張れ，頑張れ」って言われ続けて，頑張ることを求められ続けているのになんの労いもご褒美もないっていう話ですよね。そういう仕組みの中で，もうちょっとその子ども達が自分達のことを労い合うことのできる時間を設けた方がいいんじゃないのかと思います。

松山 そうですね。「夏休み前の時期だからお楽しみ会をやる」っていう発想だけじゃなくて，適切な行動や蓄積されたものに対して適切なフィードバックが得られるっていう機会を日常的に設けられるといいなと思いますね。

第8章 対談　153

もっと枠を広げると，この国はこれからもっと報われない時代になって
いくと思うんですね。適切な努力が報われない時代になっていくんです。
つまり「日本にいて損する時代」が来てしまうということです。そんな時
代の中で，子ども達に対してただ単に社会的に選べるようなメリットだけ
ではもう報われないと思うので，それを自分でつくっていくっていうスキ
ルがすごく必要になってくるんじゃないかなと思います。

赤坂 「テストで良い点を取ったらゲームを買ってもらえる」みたいな感覚
のご褒美って，バランスが悪いんじゃないのかなって思うんですよね。結
局，そのゲームがなくなっちゃったらやらないってなってしまうことにな
ります。つまり，ご褒美は外発的動機づけなので，それがなくなったら行
動が消去されてしまうデメリットをもたらしてしまうこともありますよね。
自己調整や行動調整というのは，やったこととご褒美のバランスを自ら選
択できるということなのでしょうか。

7 頑張っても報われない時代を生きる

佐橋 松山先生のお話の中には，内発的な動機づけみたいなものを感じまし
た。単純なご褒美だけじゃなくて，自分がやってることに価値を見出せる
ようにしていくことが大切なんじゃないかなって思いました。

松山 動機づけっていっぱいあってもいいと思います。別に外発的でも内発
的でも，いっぱいあった方がいいと思います。それが減っていくから行動
が生じにくくなるので，動機づけはあればあるほどいいと思います。でも，
だんだん動機づけを感じにくくなったり，行動に対するメリットを感じに
くくなったりしているのが今の日本だと思うんですよね。だからこそ，自
分の力で増やせるようにしていくことが大切なんだと思います。

結局，ウェルビーイングって，最後は幸せなんだと思えることだと思う
ので，自分がやったことに対して幸せを得られるようにしておかないと，
その実感さえもできなくなると思うんですよね。

赤坂 ここまでの松山先生の話をまとめると，やっぱり子ども達が自分で動機づけを高めていく経験や，そのために必要となる価値やスキルを学んでないっていうところがあるのかなと思いました。子ども達は，外発的に動機づけを高められる経験は，そこそこしていますが，内発的に動機づけを高める経験がちょっと欠けているんじゃないでしょうか。

松山 特にこの国の団塊の世代とかは，頑張れば報われる時代だったからこそ，「努力する＝良い結果が待っている」というようにインプットされていると思います。ですが，今の時代だと「努力する＝報われない」ということが学習され始めてきているんですよね。この中でウェルビーイングを高めようっていうことは相当難しいことだと思うんですよ。

　だって，努力したとしても社会的にそのポストがないとか，就きたかった仕事がないという時代になってくるわけなんです。だからこそ私は行動レベルで語っているんですけど，こういう問題に対して自分で強化できるようにしていかないと社会からの離脱が生じてしまうんじゃないかなと思います。目標があいまいな時代に，自分で自分なりの行動を選択して動機づけしていくっていう，そういったスキルをちゃんと学ぶべきだと思います。

　そういう力を学ぶ場として学校があると思いますが，学校の「できて当たり前」という文化ってあるじゃないですか。できていることを無視して，できていないことに対してだけ目を向け続けるっていうような教育をずっとしているわけですから，これを変えていかないといけないですよね。

8 自己決定していない先生達？

赤坂　それでは，第6章の一尾先生，お願いします。

一尾　「ウェルビーイングと地域づくり」というテーマでまとめました。皆さんとは異なる視点で，「ギャラップ社」が提案しているウェルビーイングを構成する5つの要素から「キャリア　ウェルビーイング」と「コミュニティ　ウェルビーイング」の2つを取り上げました[2]。

　「キャリア　ウェルビーイング」については，ここまで話題として上がっていた自己決定の話とも重なるのですが，大前提として自己決定するには選択肢がいると思います。が，実際には約99%の子ども達が公立の小学校に通っているという実態があるからこそ，日本の子ども達はスタートから選択権がないのと同じことだと思うんですよね。

　つまり，学校の中で「自己決定」「自己選択」というワードを強調したところでスタートから強制されていては美辞麗句に聞こえてしまいます。学校に行けなかったからこっち（瀬戸ツクルスクール）に行ったんだよとかではだめだと思うんですよね。そうなってくると，必要なのは対等な選択肢であり，そのような要素は視野を広げるといくつもあるんだよというメッセージをまとめました。

　「コミュニティ　ウェルビーイング」については，主に実践ベースでまとめました。具体的には「瀬戸みんなの会議」っていうクラス会議の地域バージョンの実践をしていますのでそのことについてまとめました。「選択肢」というのが，どちらの話題にも共通するキーワードになっているんじゃないかなと思います。

　原稿をまとめながら思ったのが，先生達の意識も重要だな，と。「（生徒たちに）自分達が選ばれてるんだ」という感覚がないから無責任な教育を

2）ジム・クリフトン，ジム・ハーター，古屋博子訳（2022）『職場のウェルビーイングを高める―1億人のデータが導く「しなやかなチーム」の共通項』日本経済新聞出版

してしまう先生がいるんじゃないかと思います。そういう状態も含めて，自己決定場面が奪われている学校で何をしてもうまくいかないんじゃないかという根源的な思いがあります。ただ，そこに選択肢があって，「自分からそこで学びたい」って選んで学校に行けるなら学校教育も機能していくのだろうなと思っています。

　また，多様性をどう受け入れていくかという視点が難しいと思いました。「みんな違って，みんないい」的な感じですが，赤坂先生も書いていたのですが，「ゆるくつながる」ってすごく難しいことだなと思いました。本当はみんなが生きやすくなるための「ゆるやかなつながり」なんですが，みんな生きにくくなっている感があるんですよね。それをどのように統合して具体につなげていけばいいのかということをすごく考えているところです。

［赤坂］　例えば「多様性を認めよう」として自由化すると，私達は自主規制を始めるようになるんです。そうやって，通常のきまり以上の小さな枠を自分達でつくって息苦しさを増加・増幅させているのではないでしょうか。

［一尾］　そうですね。それがさらに SNS 等によって強化されている気がします。なんか，知らなくてもよかったことを知ってしまうというか，情報が増えたら増えた方がきっと選択肢も増えていいんだろうけど，その情報が取捨選択できないぐらいに流れ込んでくるから，結局じゃあどれを選んだらいいんだろうっていう感じがするんですね。

　そもそも，日本人は自己決定するっていう訓練を受けていないにも関わらず，学校では「自己決定しましょう」って言われたってしんどい子が余計に増えてしまうんじゃないかと思います。この辺のことを踏まえると，松山先生がおっしゃってることを実現するというのはすごくハードルの高いことだと思います。

9 選択肢の一つとしての学校

赤坂 なるほど。つまり，学校の先生は「比べられている感覚」がないままに教壇に立っているっていうことですよね。いつも絶対的な存在になっているからこそ，緊張感がないんじゃないの？というメッセージだと思いますが，今の話は公立小学校の先生方がどのように思っているか聞いてみたいと思います。それでは，佐橋先生からお願いします。

佐橋 確かに学校に子どもが来ることが当たり前になっているので，多くの子ども達は何も自分で決定しないままに学校に来ていると思います。なので，いきなりその自己決定能力を80とか100に引き上げることはできないですよね。でも0に近いところから5や10にすることはできると思っていて，そこに自分が公立学校の教員としてやるべきことがあると思います。

一尾 先生達がすることはそういうことであって，僕は外部の人としてもう一歩引いた形で何ができるかなって考えたときに，自己決定感や自己調整能力はどこでも育めると思っているんですよね。なので，大前提として先生達が教えるよっていう構成された枠組がある中で，「選択肢があるよ」って伝えていくのはちょっと違うのかなって思うんですよね。

佐橋 さっきの赤坂先生の話とも通じるところがあると思うんですけど，先生という仕事をしていると「学校に子どもが来ること，学校の仕組みに従うことは当たり前ではない」っていうメタ認知ができなくなってしまうことがあります。そうすると，子ども達が学校っていう枠組に収まらない場所を否定する，みたいなことが起こってしまうと思うので，学校が長い年月の中である種の特殊性を帯びてしまっているっていうことを認知したほうがいいと思いました。

松山 本来，ウェルビーイングを高めようと思ったら，学校はただの選択肢の一つなんだと思います。一尾先生が言うように，無理して行かなくていいと思うんですよね。ただ，現状，日本にはこれだけ学校がありますから，コミュニティの一つとして上手に利用すればいいと思うんですよ。全員が

来なくてもいいけど，そこに来た人たちのウェルビーイングは保証できるようにしたい。

　例えば，瀬戸ツクルスクールは10時からスタートしていると思いますが，朝は公立学校で学んで，10時から瀬戸ツクルスクールで学ぶみたいな子がいたっていいと思うんですね。自分で選択しているのであれば。

　ただ，そういう学びが今の日本で実現することは難しいことですが，実現していないのは危ういことだと思うんですよね。「学校には行くべきだ」「不登校は悪」みたいな集団圧力があるじゃないですか。

一尾　その一方で，今は消費者マインドが凄すぎて，そこまで子どもに任せていいのかとも思っています。「学校の先生が自分で選べるようになったらいいのにね」みたいな話を聞くことがありますが，子どもも大人も対等な人として考えたらおかしな話だと思うんですよね。自分は社会にコミットせず，自分が好きなときに「今日はこっちに行く」「明日はこっちに行く」みたいなことは，実際の社会ではあり得ないことだと思うんですよね。

松山　初等教育においてそれを実現していくことはなかなか難しいと思います。自己決定できる年代ってあるじゃないですか。だからこそ親とか学校とネゴシエーション（交渉）して，選択肢を自分でつくっていくということがすごく大事になりますよね。

10　平等だけど公平ではない学校

赤坂　（深見）太一先生も「てらこやさん」を運営されているかと思いますが，あれもオルタナティブスクールの　つなんですか。そして，公立学校との役割分担については考えているんですか。

深見　オルタナティブスクールですし，子ども達がのんびりできる場所ですかね。

赤坂　例えば，今後，学校とその他の教育機関が協働していくというスタンスになっていくとしたら，どのようになっていくのが子どもの幸せを保障

することになると思いますか。

深見　校内フリースクールだけだと救えない子もたくさんいると思っていて，学校にもう行きたくないっていう拒否反応がある子たちにとっては，校門をくぐることもしんどいですよね。そうなると，学校と違う場所でのんびり過ごすと優しくなれるんですよね。

　本来，子どもって優しいはずなんだけど，やっぱり学校の中ってストレスフルなんだろうなと思います。例えば，てらこやさんにきたことをきっかけに，自傷行為とか反復行動（何度も頭を壁に打ち付けたり）があった子が，落ち着いたよっていう話を保護者から聞くと，やっぱり子ども達がのんびりできるような役割を担うことのできる居場所は必要だろうなって思います。

赤坂　水流先生はオルタナティブスクールみたいなものをどのように捉えているか教えてください。

水流　子ども達がウェルビーイングを高めていくための選択肢としてなくてはならない存在なんじゃないかなって思っています。今，義務教育の義務っていうのが逆に仇になってしまっていて，本当に学ぶべきことや学ばなければならないことを阻害しているんじゃないかなと思います。

　一尾先生や深見先生のお話を伺っていて，自分でなんらかの目標があって，そこに到達するために必要なことを自分で決めた場所で学ぶというのが大切なんじゃないかなと思いました。本当の意味での学校教育の意味を再定義していく必要があるんじゃないかなと思います。

　また，ウェルビーイング向上にも関わる「ゆるやかなつながり」の在り方についても考えなければならないことがたくさんあると思います。「ゆるやかなつながり」って，便利で耳当たりのいい言葉のように聞こえますが，人によって定義があいまいだからこそ，その定義や方向性を議論していかなければならないと思います。

　いずれにせよ，学校の中で子ども達のウェルビーイングを高める実践を検討することはもちろん大切ですが，子ども達がウェルビーイングに向か

って歩いていける力を身につけられるようにすることがこれからの学校の役割になってくるのではないかと思いました。

赤坂 最近，「ゆるくつながる」っていうワードを聞くことが増えてきましたが，阿部先生は「つながり」の在り方を再検討していく必要を主張していますがどのように考えていますか。

阿部 一尾先生が話されていたこととも重なって，僕の原稿でもちょうどまとめていたんですよね。よく YouTube 等でウェルビーイングのことを語っていらっしゃる，予防医学を研究されている石川善樹さんは，ウェルビーイングの最大因子として「適切な選択肢がある中での自己決定をすること」と述べています。ただ，日本の場合，不寛容性がすごく目立つし，その結果，同調圧力が働くようになる形が多く見られることを問題にしていると感じています。

ここから考えるに，多様性が必要だと私は解釈しています。これを実現するために大切なのは公平性だと思いますが，日本の学校はどちらかというと平等を重視する流れが多いです。その結果，人それぞれの進め方や生き方をしていいよという公平性・公正性の方が置いてけぼりになっているかなと思います。そこがインクルーシブにつながると私は考えていますが，これを当たり前にしていく過程で問題になるのは，先生達が公平公正を実現しようとしても，周りの子ども達など集団の構成員がそれを認めてないと，公平公正そのものがなぜか不平等に見えてしまうことになり，またそこで不寛容になっていくわけです。だからこそ，このような圧力をどうにかしなければならないということを考えて書きました。読者に伝わるとよいのですが。

11 選択と強制の狭間で

阿部 一尾先生の主張と重なりますが，学校は，「最初から強制装置である」ことは揺るぎないものです。その前提の中でいかにして自己選択や自己決

定をする機会を増やしていくかが大切だと思います。それは「本当の意味での主体性」ではなくて、「なんちゃって主体性」かもしれないですけどね。なんちゃってでもいいから、教師が自由に操作できる中でもがきながら自己選択、自己決定の場を設けて子ども達が経験できるようにしていくことが大切だと思います。

一尾 おっしゃる通りで、今、新しく高等学校をつくっていますけど、高卒キャリアとか大卒キャリアまで見通したときにやっぱり厳しい現実がたくさん待っているんですよね。だからこそ、なんちゃってでもいいから小、中学生にそういうできる限りのことをしてほしいなって思いました。

阿部 多様性ということは、換言すれば揃わないということです。揃わないことが前提であるという認識から始めることが大切だと考えます。学校現場においては「みんな一緒」とか「揃えないと気が済まない」っていう文化が残っているんだなと思いますね[3]。

一尾 ツクルスクールの子ども達を見ていると、子どもって任せると自己調整を自分からしているんですよね。それを教師が変な力を加えるから自己調整を学べなくなっていると思うんです。だから、学校ってすごく自作自演なところがあると思って、わざとそういう環境に入れて、わざと教えないといけないような環境になっているなって思います。だから先生達は大変になっていると思うんですよね。

佐橋 先程の阿部先生のお話に近いんですけど、「これが私の考えるウェルビーイング」というものを全員に押しつけてしまって、結局一元的なものになってしまうことは気をつけなきゃいけないなって思いました。それぞれ人によってウェルビーイングの形が違うからこそ、それを一緒に見つけてあげるっていうスタンスを、先生達がいかに取れるかっていうことが大切なんだと思います。

　一尾先生もおっしゃったように、自己調整する力は、子ども達が自ら見

3）　授業づくりネットワーク（2024）『揃わない前提の授業とクラス』学事出版

つけていけるものだと思うので，そういう環境をつくりながら，その子達がどのように見つけていくのか見守っていくというスタンスを取るのが大事なんじゃないかと思います。でも「従来のやり方から外れたことをする＝正解」にしてしまうというのも危険なのかなと思いました。

〔一尾〕　公立学校が悪で，オルタナティブスクールが善かとかそういう話じゃなくて，それぞれに得意不得意があるわけだから対等に見ていく必要があるんじゃないかと思いますね。

〔赤坂〕　選択肢がないことは問題ですが，一方で選択肢を増やしていくことが本当にウェルビーイング向上につながるのかなという指摘もありました。阿部先生は「強制の中でその自由を学ぶ」，一尾先生は「自由にさせて，その中で強制を学ぶ」というスタンスでした。それを子ども達自身が選べるようにしていくことが大切かもしれませんね。

12　そこに危機感はあるのか？

〔赤坂〕　それでは，最後に第7章についてです。まず，国際調査の結果から，日本人の幸福度について考察しました。今の日本は色々なところに格差があって，その格差に対して不満を抱えているけど，それを解消する手だてすら持っていないし，解消する気も起こっていないことが窺えました。

　　このように，この「あちこちで格差や不満があるにも関わらず，それらを解消しないままに不全感をずっと抱えている」という構造は教室でも同じ可能性があるわけです。子ども達が教室の中で悩んだり，葛藤したりしたことを解消する手だてが学級の中に仕組みとして標準装備されていないというところに問題があると思います。そこで，クラス会議のように，自分の思いや心情を吐露したり，悩みに寄り添ってもらう体験したりする時間って大事なのではないか，という主張をしました。

　　そういう機会を設けることで育まれる共同体感覚と，ウェルビーイングには相関があるということが研究では明らかにされています。つまり，学

第8章　対談　163

校教育を通してウェルビーイングを高めていくためには，共同体感覚（つながり）を感じるということが大切になってきます。つながりは，単なる「仲良し関係」じゃなくて，「共感的なつながり」が大切です。しかし，そういうことをクラス会議の中で実施しようと思っても，学級活動の時間は年間35時間しかありません。そこで，教科横断的な視点で取り組むことで共同体感覚を高めていくことが可能であるということを述べました。

　そういうことを構想して行動に移していくのはやっぱり教師自身なんです。教師がどのような構えをもって，カリキュラムと向き合っていくかっていうことが，実は最も重要な問題なのです。そこで，最後は「教師の子どもへの向き合い方が学校におけるウェルビーイングの決め手になってくる」ということを述べました。

　私達ってずっと「幸せ」について議論することから避けてきたように思うのです。そうやって，本当はしっかりと考えなくてはならなかったことを，後回しにしてきたツケが，今のこの不登校30万人というような状況をつくり出してしまったんじゃないかと思っています。

　つまり，学校は，一見重要そうに見える目先のことに振り回され，いつの間にか優先順位を間違ってしまったんじゃないでしょうか。だからこそ，もう一回，本当に子ども達にとって何が大切なのかっていうことに向き合っていくことで教育活動を再構成，再編成する必要があるのではないかなと思います。

一尾　松山先生のお話も踏まえて，危機感をどれだけ持っているかっていうのがすごく大事なんだと思いました。クラスや学校だけ見ていたりして，社会に目を向けたりしてないと危機感って持てないんですよね。で，不登校30万人とはいえ，クラスではマイノリティなわけです。市民もそうなんですけど，そこに危機感はない。そこの危機感にどれぐらい目を向けられるかっていうのがポイントだなって思います。地域にもよりますが，中小企業なんかはもういち早く人材不足っていうのに危機感を持っているんですね。結局，当事者意識を持っているかどうかの話になってくるんです。

深見　でも，そういう意味でいうと，クラス会議にしろPBIS（ポジティブ行動支援）にしろ，学ぶ人と学ばない人の格差がものすごい広がっているなと思っていて，セミナーに参加する人とか本を買って学ぶ人とかって本当に一部の人なんですよね。そこのジレンマみたいなものをすごく感じていて，本であれば，本当に読んでほしい人に届かないというのは，もう皆さん心の底から感じると思うんですけど，この辺はどうしたらいいんだろうなあって思います。

赤坂　一般的に学校は，学力調査の数値などのノルマなど，緊急の対応を迫られる課題に追われているので，社会全体から子どもや教育を見るみたいなことが難しいのかもしれません。

佐橋　社会全体に危機感を持てていないっていうことは，個人の身近な幸せに目が向いているっていうことになると思うんですね。以前，「マザー・テレサは幸せか」という道徳の授業をしたことがあったんですけど，クラスのほとんど多くの子は幸せだっていうように述べていたんですね。クラスの子が笑ったら，自分も幸せになれるから，マザー・テレサはその感覚をもっと広くもっているんじゃないかっていう。例えば，一尾先生のツクルスクールは無償で行っていますけど，きっと一尾先生のウェルビーイングは高いと思うんですよ。

一尾　その時間というか，その先にウェルビーイングがあると思っているんですよね。

佐橋　その生きがいみたいに，深いところまで考えているっていうのがウェルビーイングなのかなって思うので，目先の幸せに目が向いてしまっている人はウェルビーイングが低いだろうし，そこが深まってる人はウェルビーイングが高いですよね。そして，最終的には社会全体に目が向いていくっていうことだと思います。だから，クラスの子にも目先の幸せだけじゃなくて，みんなでしか味わえない幸せがあるよっていうふうに伝えています。それが結局，最終的には社会全体に目が向いていくっていうところにつながっていくのかなって思います。

第8章　対談　165

一尾 それこそ，アドラー心理学なんじゃないかな。最小単位はあなたと私から始まって，家族，学校，地域，国，世界っていう話なんじゃないかな。

佐橋 このウェルビーイングが低くなってしまっていく構造自体が，ウェルビーイングが低い大人によってつくられているのかなと思いました。

赤坂 協調的幸福感と獲得的幸福感の話に戻るのかもしれません。前者は，自分だけでなく，身近な周りの人も良い状態でいる感覚，後者は，自己価値の実現ができている感覚です。私達の幸福感は，大きく眺めて2つの幸福感の間を行ったり来たりしているのではないでしょうか。

　しかし，現在のような競争社会においては，獲得的幸福への吸引力が強く働きがちです。誰かの役に立ち，誰かを笑顔にして，嬉しさや喜びを感じるという経験を子どものときからある程度積まないと，獲得的幸福感に飲み込まれてしまうかもしれません。

　他者の存在を脇に置いた自己実現や自分の利益を中心した行動をしても，人とつながったり人から感謝されたりすることなく，結果的に幸福感を損なうことになるでしょう。私達はウェルビーイングを感じ，実現する習慣や作法について，もっと自覚的に学んでもいいのかもしれませんね。

　これまでの教育は「未来への準備」に主眼がおかれ，「これからのために今は我慢せよ」というメッセージが「隠れたカリキュラム」になってしまっていたのかもしれません。「今，ここ」の楽しさや充実を蔑ろにしてきた結果が，現在の学校を取り巻く閉塞感を生み出す要因になっているように思います。教師の働きかけ，学級生活，授業，教育活動全体において，子ども達のウェルビーイングを高める取組が，システムとして各学級に標準整備されるべきだと思います。そうした実践を，教科担任制だからできない，複数担任制だから難しいなどの声を聞くことがありますが，それぞれの教師が実践すればよいだけの話ではないでしょうか。制度にとらわれず，教師が子どもとつながり，子ども同士が助け合ったり認め合ったり，自分の強みを自覚したりするような実践に積極的に取り組んでいくことが，ウェルビーイングを高める学級の在り方の鍵となりそうです。

おわりに

　著者たちが，執筆や対談を終えて共通して抱いたのは「危機感」だったと思います。現学習指導要領の改訂をきっかけに，協働学習，自由進度学習，学び合う交流型の学習，様々なこれまでにはあまり強調されてこなかった形の授業が実践されるようになりました。しかし，それでもいじめの認知件数，不登校数，自殺者数が過去最高を示すなど，子ども達が幸せを感じているとは言えない状況が継続しています。

　アクティブ・ラーニングによる授業改善の視点が提唱されたときに，これこそがアクティブ・ラーニングなりという主張が百花繚乱の如く提唱されました。今は，あのときの熱気は「どこへやら」の状態です。最近の学校はとにかく元気がないように見えます。活性化する救世主となるかと思われた「働き方改革」も逆に，学校の活気を奪ってしまっているような現状があります。資質・能力に向かう教育，アクティブ・ラーニング，個別最適な学びと協働的な学び，インクルーシブ教育などなど，希望に満ちた言葉が上から降ってくればくるほど，それらの重要性とは裏腹に，現場の元気がなくなっていくように感じます。

　ウェルビーイングは，直接的に幸せにつながるキーワードとして，学校を元気にする希望を感じます。しかし，これまでのように表層を撫でるような改善に留めてしまったら，それこそ学校から多くの子どもも教師になる人材も逃げ出してしまうのではないでしょうか。学校が「人の集まりたい場所」となるために本書が何らかのお役に立つことを願ってやみません。

2024年7月

執筆者代表　赤坂真二

【編著者紹介】

赤坂　真二（あかさか　しんじ）

1965年新潟県生まれ。上越教育大学教職大学院教授。学校心理士。19年間の小学校勤務では，アドラー心理学的アプローチの学級経営に取り組み，子どものやる気と自信を高める学級づくりについて実証的な研究を進めてきた。2008年4月から現所属。これから現場に立つ若手教師の育成，主に小中学校現職教師の再教育に関わりながら，講演や執筆を行う。

【執筆者一覧】（掲載順）

阿部　隆幸	上越教育大学
佐橋　慶彦	名古屋市立小学校
水流　卓哉	愛知県公立小学校
深見　太一	愛知教育大学／てらこやさん
松山　康成	東京学芸大学
一尾　茂疋	瀬戸ツクルスクール

ウェルビーイングの教室

2024年8月初版第1刷刊	©編著者　赤　坂　真　二
2025年1月初版第3刷刊	発行者　藤　原　光　政
	発行所　明治図書出版株式会社
	http://www.meijitosho.co.jp
	（企画）及川　誠（校正）川上　萌
	〒114-0023　東京都北区滝野川7-46-1
	振替00160-5-151318　電話03(5907)6703
	ご注文窓口　電話03(5907)6668
＊検印省略	組版所　広 研 印 刷 株 式 会 社

本書の無断コピーは、著作権・出版権にふれます。ご注意ください。

Printed in Japan　　　　ISBN978-4-18-241934-8
もれなくクーポンがもらえる！読者アンケートはこちらから